蛟桥经济文库

2019

集聚、出口与生产率

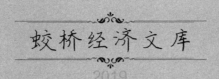

基于中国工业企业数据的实证研究

许昌平◎著

AGGLOMERATION, EXPORT AND PRODUCTIVITY:

An Empirical Research Based on the Data of Chinese Enterprises

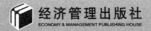

经济管理出版社
ECONOMY & MANAGEMENT PUBLISHING HOUSE

图书在版编目（CIP）数据

集聚、出口与生产率——基于中国工业企业数据的实证研究/ 许昌平著 . —北京：经济管理出版社，2019. 12
ISBN 978-7-5096-5181-0

Ⅰ. ①集… Ⅱ. ①许… Ⅲ. ①出口贸易—关系—工业企业—全员劳动生产率—研究—中国 Ⅳ. ①F752. 62②F425

中国版本图书馆 CIP 数据核字（2019）第 280797 号

组稿编辑：王光艳
责任编辑：魏晨红
责任印制：任爱清
责任校对：王淑卿

出版发行：经济管理出版社
（北京市海淀区北蜂窝 8 号中雅大厦 A 座 11 层 100038）
网 址：www. E-mp. com. cn
电 话：（010）51915602
印 刷：北京晨旭印刷厂
经 销：新华书店
开 本：720mm×1000mm/16
印 张：11
字 数：174 千字
版 次：2020 年 8 月第 1 版 2020 年 8 月第 1 次印刷
书 号：ISBN 978-7-5096-5181-0
定 价：68. 00 元

联系地址：北京阜外月坛北小街 2 号
电话：（010）68022974 邮编：100836

前 言

从企业层面研究集聚、出口、生产率等概念是近年来学术界的热点，本书以两个基本理论和三个视点的现有经验研究梳理为起点，整理出现有实证研究文献的空白处，立足于中国工业企业数据，利用适宜的计量模型进行经验研究来填补此空白。两个基本理论：新新贸易理论和产业集聚理论；三个视点分别为出口与生产率视点、集聚与生产率视点以及集聚与出口视点。研究空白处为：多数实证文献都集中于研究集聚、出口与生产率两两之间的关系，而未从综合的视角考察三者之间的关系。本书利用 1998~2007 年中国工业企业数据综合分析了集聚、出口与生产率的关系，并从新的视角分析了出口与生产率的关系及出口与生产率各自的特点，并得出了以下主要结论：

第一，我们首次估计了中国企业进出出口市场的持续时间，结果发现，进入出口市场的持续时间均值为 2.5 年，中位数为 2 年，其危险函数呈现明显的负时间依存性；退出出口市场的持续时间均值为 3.4 年，中位数为 3 年，其危险率呈现倒“U”形结构。我们还采用离散时间生存分析 Cloglog 模型回归发现，企业规模、平均工资、是否为外资企业等企业特征变量都对进出出口市场的持续时间有显著影响。此外，进出出口市场持续时间的决定因素存在显著的地区差异。

第二，我们从企业进入、退出的视角分析了不同类型企业生产率的差异，并对行业生产率增长进行分解，结果发现，进入企业和退出企业的平均生产率都低于在位企业，退出企业平均生产率最低；进入企业自身存在异质性，最初生产率高的进入企业更可能存活，且其生产率很有可能收敛至在位企业的水平。在考察期内绝大部分行业生产率增长的来源中，进入和退出企业生产率的差异约占 8%~30%，在位企业自身生产率的增长只占 10%左右，市场份额重置导致的生产率增长约占 60%以上。

第三，我们从企业所有制异质性的视角考察了出口学习效应，结果发现：中国工业企业确实存在出口学习效应，且该效应在一直出口企业中显著存在，而对于有一定出口经验的企业，该效应并不显著。针对国有控股、集体控股和私人控股企业来说，已出口一年的企业和一直出口企业的出口学习效应都呈递减态势，且前者为负，后者显著为正。港澳台控股和外商控股企业中已出口一年的企业出口学习效应显著为负，但随着出口年限的增加，外商控股企业出口学习效应逐渐增强。

第四，标准出口自我选择效应的测算方法忽略了集聚效应和产品差异性，我们运用 Probit 回归发现，同质性产品市场对出口的自我选择效应影响显著为正；针对除集体控股和外商控股企业以外的其他企业，农村集聚效应对出口的自我选择效应影响显著为负，且此负影响小于同质性产品市场对出口自我选择效应的正影响。

第五，我们利用分层线性模型估计了出口对企业获得的集聚经济效应的影响，结果发现，在控制企业个体特性后，不出口企业获得的集聚经济效应显著强于出口企业，且不出口企业获得的地方化和城市化经济效应都显著强于出口企业，其产生的主要原因是加工贸易企业的大量存在；相比地方化经济效应，不出口企业获得的城市化经济效应比出口企业更强。

第六，我们在 CDM 模型的基础上构建了研发、创新、生产率和出口的结构模型，并把集聚因素（地方化经济和城市化经济）加入模型中，采用 Probit 和 OLS 方法实证得出，在控制其他因素后，地方化经济对企业研发决定的影响显著为负，城市化经济因度量方式不同而对其影响不同。城市化经济对企业创新产出的影响显著为正，地方化经济对其却无显著影响。两类集聚变量对企业生产率和出口决定的影响都显著为正，但相比地方化经济，城市化经济对企业出口决定的正向影响更大。此外，研发、创新、生产率和出口之间存在着循环促进关系。

目 录

第一章
导　论

第一节　问题的提出及选题意义

集聚、出口、生产率等概念是近年来学术界研究的热点，它们两两之间的关系更是国内外学者研究的重点。

近年来，从微观企业层面研究出口与生产率的关系成为国际贸易研究的前沿课题之一。企业出口与生产率的关系，从微观层面来看，事关企业自身的可持续发展能力；从宏观角度来看，可能事关一国（地区）经济的可持续增长动力（张杰等，2009）。

改革开放 40 年来，中国经济飞速发展。从 1978 年到 2018 年，中国 GDP 总量从 3678.7 亿元增长到 900309.5 亿元，经济总量稳居全球第二。中国经济可谓经历了“奇迹般地增长”。与此同时，中国的对外贸易无论是总量还是增速都能用难以想象这个成语来形容：根据国家统计局的年度数据，1990 年中国的货物进出口总额仅为 1154.4 亿美元，而 2018 年此值达到 46224.2 亿美元，同比增长了 40 多倍，其中出口总额从 1990 年的 620.9 亿美元激增为 2018 年的 24866.8 亿美元。中国出口贸易增长如此迅猛，但生产率增长却相对缓慢。“十一五”前后中国工业生产率年均增长 2.5%，而出口总额年均增长却高达 29.9%。“十二五”期间，中国货物出口总额从 2010 年的 15777.5 亿美元快速增长为 2015 年的 22734.7 亿美元。出口对生产率的促进作用到底有多大？生产率对出口的贡献又如何？这些都是值得研究的问题，国内外学者为此还提出了两个假说：一是出口的自我选择效应，它是指由于企业进入国外市场要克服一定的固定成本（市场调研、分销渠道的建立和员工培训等所需费用），只有生产率高的企业才能在国外市场获得利润从而选择出口；二是出口学习效应，它是指企业可以通过出口来提升自身生产率水平，这种提升可能来自企业对国外顾客和竞争者先进生产技术和组织管理水平的学习，也可能来自于竞争更激烈的国际市场所导致的企业创新能力的增强，还可能来自于出口以后更为广阔的国际市场所形成的规模经济。国外有关这两个假说的实证检验较多，而国内相关文献相对较少，且大多支持出口的自我选择效应，而对出口学习效应的研究结论并不一致。

从企业层面研究集聚与生产率的关系是产业集聚实证研究的一个新视角。企业可通过集聚来获得多样化的中间投入品、大量的劳动供给和知识溢出等，从而节省生产成本或提高生产率。集聚经济是产业集聚的结果，也是导致产业集聚出现的原因。从广义上讲，集聚经济包括产业集聚过程中所有直接或间接的有益经济影响，或者说是企业生产经营活动在空间上集聚所带来的经济效益和成本节约（刘长全，2010）。从广义上讲，它可以是产业集聚对地区经济增长、地区生产率、企业出口、企业生产率或企业创新活动等的影响，但在大多数文献中，集聚经济主要指产业集聚对生产率的影响，本书也采用此观点，而把广义上的集聚经济称为集聚效应。多数实证研究均证实集聚经济确实显著存在（Ciccone 和 Hall，1996；Henderson，2003；Brülhart 和 Mathys，2008）。多数文献都集中于研究西方发达国家，立足于中国的研究较少。但事实上，中国已进入产业集聚与地区经济发展密切关联的阶段，而且这种关联随着时间的推移逐步增强，因此，对于内部存在显著差距而差距又逐渐扩大的中国而言，对集聚经济效应的研究变得十分重要（刘修岩和陈至人，2012）。

集聚与出口相互促进、相互影响。根据新经济地理学的理论，中间投入品多样化、劳动力市场汇集或知识溢出等带来的外部性大幅地减少集聚区内企业的生产成本或交易费用，从而有利于企业克服进入国外市场的沉淀成本，促进企业出口。出口导致市场范围扩大、促进了分工、出现了规模经济与前后向关联，从而加速产业集聚。中国各省区企业的出口密度存在显著的地域差异。2001 年出口密集度高的前 10 个省区都在东部沿海地区，2011 年前 10 个出口大省中也有 9 个位于东部地区。制造业企业在东部沿海地区表现出高度集聚，且其中出口企业所占比重都远高于中西部地区。可见，集聚对企业出口有很大的促进作用，联系中国的实际情况进一步研究集聚对企业出口的影响是有必要的。这有利于我们准确地把握集聚对企业出口的作用，从而为如何促进企业出口提出合理、有效的政策建议。

综上所述，立足于中国的现实，研究中国企业集聚、出口与生产率两两之间的关系具有重要的理论和现实意义。以往文献大都是基于两者的关系进行研究，如出口与生产率、集聚与生产率或集聚与出口，本书则从综合的视角研究三者的关系，如加入出口因素后，集聚对生产率影响如何？加入集聚因素后，出口的自我选择效应该如何变化？在同一个结构模型中，集聚分别对企业出口和生产率的影响又如何？对这些问题的研究从不同角度深入地揭示了集聚、出口与生产率三者之间的关系，丰富了与这三者有关的研究，而且经验研究的结果给予了现实社会切实可行的指导。此外，本书还重点考察了出口与生产率的关系及其各自的特点，如中国企业进出出口市场的持续时间，进入退出视角下企业生产率的差异与行业生产率的增长等，以期对中国企业的出口与生产率关系有全面而深入的把握。

第二节　主要的研究思路和方法

本书研究的大体思路：以两个基本理论和三个视点现有经验研究梳理为起点，整理出现有实证研究文献的空白处，立足于中国企业数据，利用适宜的计量模型进行经验研究来填补此空白。两个基本理论：新新贸易理论和产业集聚理论；三个视点：出口与生产率视点、集聚与生产率视点以及集聚与出口视点。研究空白处：多数实证研究文献都集中于集聚、出口与生产率两两之间的关系，而未从综合的视角考察三者之间的关系。本书则从不同角度考察了三者之间的关系，丰富了与这三者有关的经验研究，验证了三者之间的相关理论。此外，本书还基于出口与生产率视角进行了深入的实证分析，首先联系中国实际分析了出口与生产率各自的特点，如中国企业进出出口市场的持续时间，进入退出视角下企业生产率的差异与行业生产率的增长等；其次从企业所有制异质性的视角研究出口经验对出口学习效应的影响。

具体写作思路如下：首先，简述两个基本理论后，重点对相关实证研究文献进行系统性的梳理，找出现有文献的研究空白处，当然，这也是本研究的突破口。同时，结合中国工业企业数据库，对企业出口、集聚与生产率两两之间的关系进行描述性统计，以期对中国的实际情况有更为清晰的把握。其次，重点考察出口与生产率的关系，联系中国实际分析了出口与生产率各自的特点，然后从企业所有制异质性的视角研究出口经验对出口学习效应的影响。最后，从不同角度用计量模型把集聚、出口与生产率放在一起进行综合考察，如加入出口因素后，考察集聚对生产率的影响；加入集聚因素后，考察出口自我选择效应的变化；在同一个结构模型中分别考察集聚对企业出口和生产率的不同影响。

本书的研究方法主要是文献归纳法、实证分析法和比较分析法，具体方法归纳如下：

其一，实证分析法是本书采用的主要研究方法。本书首先对中国工业企业数据进行系统性的处理，得出各章研究主题所需的数据样本结构，再借鉴前人研究经验并结合所用数据，选取适宜的指标，基于处理后的数据样本进行计量分析、统计推断和一系列的稳健性检验。

其二，采用比较分析法。比较分析法是通过将客观事物进行比较，从而达到认识事物本质和规律最常见的研究方法之一。在第四章和第五章中，我们按照不同所有制企业、不同地区或不同贸易方式等研究不同内容，例如第四章中除总体分析外，还分别按不同地区考察中国企业进出出口市场的持续时间，并基于不同所有制类型考察出口经验对出口学习效应的影响。第五章按不同的贸易方式——加工贸易和非加工贸易，考察出口对企业获得的集聚经济效应的影响。通过比较分析发现它们之间的异同，以期对所研究的问题有更深刻的理解和认识。

其三，采用文献研究法。本书在充分研读已有经典文献的基础上，对集聚、出口与生产率两两之间的关系进行了系统的梳理，由此发现了现有文献的空白，从而提出了将集聚、出口与生产率三者综合研究的思路，从不同角度实证分析了与三者有关的一些重要问题。

第三节 研究的基本内容和框架

本书重在实证研究，在对集聚、出口和生产率两两之间关系的实证研究文献进行系统梳理后，发现了现有文献的空白，提出了集聚、出口和生产率三者综合研究的思路。此外，针对出口与生产率各自的特性及其关系，本书从新的视角进行了重点考察。本书共分六章，其具体内容如下：

第一章，导论。简要地说明问题的提出及选题意义、主要的研究思路和方法、研究的基本内容和框架以及创新点。

第二章，相关文献综述。对本书涉及的两个理论——新新贸易理论和产业集聚理论进行了理论梳理，然后对出口与生产率、集聚与出口、集聚与生产率两两之间的实证研究文献进行梳理，最后总结出本书写作的切入点。

第三章，集聚、出口与生产率：中国企业层面的特征事实。主要通过图表直观地表现 1998~2007 年企业出口状况、企业生产率状况、产业集聚状况，并借助图表分析出口与生产率、集聚与出口、集聚与生产率两两之间的关系，最后对集聚、出口与生产率的关系进行描述，为后文进一步实证研究做铺垫。

第四章，出口与生产率：中国企业数据的经验分析。首先分析了出口和生产率各自的特点。针对出口，分析了中国企业进出出口市场持续时间，其中考察了两个时间段：一是企业进入出口市场的持续时间；即企业从首次进入中国工业企业数据库直至首次进入出口市场所经历的时间；二是企业退出出口市场的持续时间，即企业首次进入出口市场直到首次退出出口市场所经历的时间。针对生产率，本书从进入退出的视角考察了企业生产率的差异和行业生产率的增长。最后从一个新的视角——企业所有制异质性来分析出口经验对出口学习效应的影响。

第五章，集聚、出口与生产率：综合分析视角。本章从三个方面进行分析：一是考察集聚对出口与生产率关系的影响，如集聚、产品差异性与出口的自我选择效应关系的研究；二是考察出口对集聚与生产率关系的影响，如研究出口如何影响企业获得的集聚经济效应；三是考察集聚在企业研发、创新、生产率和出口的结构模型中所起的作用，如研究基于集聚效应的企业研发、创新、生产率和出口的结构模型。

第六章，结论与政策建议。概括全书的主要结论，结合中国实际给出合理性政策建议。本书的研究框架见图 1.1。

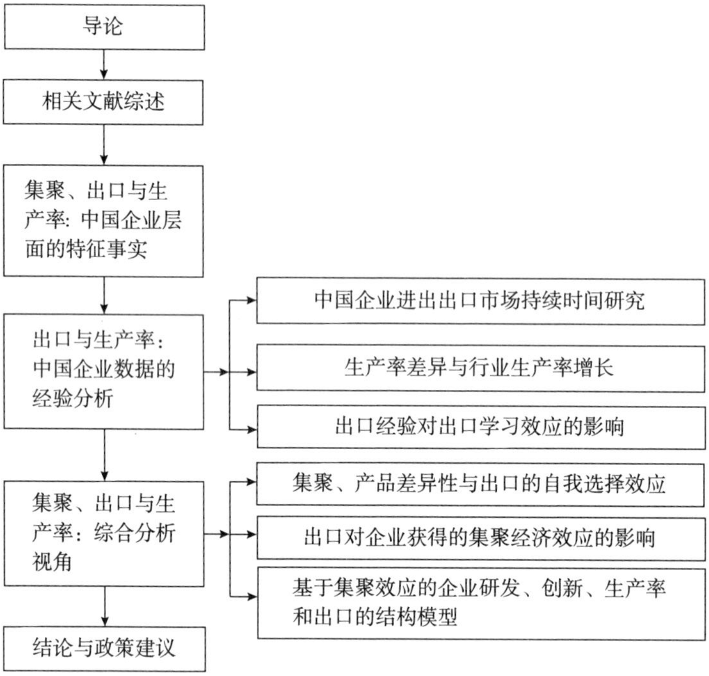

图 1.1　本书的研究框架

第四节　创新点

本书在研究视角上有所创新，并将中国工业企业数据库广泛应用。本书一改以往只集中研究集聚、出口与生产率两两之间关系的思路，而是联系中国实际，从综合的视角分析三者的关系，得出的结论具有理论和现实意义。此外，本书还从中国企业所有制这一颇具中国特色的制度视角分析了出口经验对出口学习效应的影响。针对中国企业存在着大量的进入和退出这一显著特点，本书从进入退出的视角研究了企业生产率的差异和行业生产率的增长。

针对中国企业出口持续时间较短这一特点，首次对中国企业进出出口市场的持续时间进行了全面的考察。以上都是根据中国实际，考察出口与生产率各自的新特点。

本书的数据来源于国家统计局 1999~2007 年的中国工业企业数据库，该数据库记录了我国全部国有和规模以上（年主营业务收入 500 万元）非国有工业企业的详细信息。该数据库信息十分丰富，每个企业样本包括行业、开业时间、员工人数以及资产负债表、利润表和现金流量表三大财务报表的各种信息等共计 100 多种指标，丰富的企业数据为本研究提供了很好的支持。相对于国家和产业层面的数据，微观企业层面数据更精细，样本量大，利用它得出的实证结论更具说服力。本书利用它对有关集聚、出口和生产率进行了全面的描述性分析，还利用它从新的角度分析了出口与生产率的关系及其各自的特点。此外，利用西方发达国家微观企业数据研究集聚、出口与生产率两两之间关系的文献较多，但立足于中国工业企业数据研究它们两两之间关系的文献相对较少，而利用中国工业企业数据研究它们三者之间关系的文献更是少之又少，本书在此方面给予了适当补充。

第二章
相关文献综述

第一节　基本理论

一、新新贸易理论

国际贸易理论主要用来解释国际贸易的成因、结构及利得等问题，它是根据实际贸易情况的发展而不断发展的。在国际贸易开展的初期，产业间贸易占主导，斯密的绝对优势理论和李嘉图的比较优势理论（统称为古典贸易理论）、要素禀赋理论（新古典贸易理论）都对此现象进行了很好的解释。他们都假设市场是完全竞争的且规模报酬不变，前者认为，劳动是唯一的投入要素，生产技术为外生给定，劳动生产率绝对或相对的差异是国际贸易的唯一动因。后者则认为，比较优势的形成除劳动这一要素外，还包括资本、自然资源等要素禀赋的差异，各国间要素禀赋的差异是国际贸易产生的唯一动因。20 世纪 60 年代以来，产业内贸易规模迅速扩大，以至于产业间贸易占国际贸易的比重不到 1/3，而且国际贸易大多发生在资源禀赋、技术和偏好都较相似的国家之间，用传统贸易理论无法解释这些现象。以克鲁格曼为代表的经济学家突破了传统贸易理论完全竞争市场、规模报酬不变和产品同质性的假设，假设不完全竞争市场、规模经济且产品差异化，创立了新贸易理论。该理论认为，规模经济与消费者多样性偏好的结合导致了同质企业专业化生产不同水平的多样化产品，从而促进国家间的产业内贸易（赵海斌，2011）。

该理论认为贸易利得来自于消费者可消费产品的多样性，而传统贸易理论认为贸易利得来自于跨国及跨行业产品机会成本的差异。20 世纪 90 年代以来，一些经济学家基于企业数据的实证研究发现，一国中并不是所有的企业都进行国际贸易，只有少数生产率高、规模大、竞争力强、产品质量好的企业才进行出口。Bernard 和 Jensen（1999）、Helpman 等（2004）、Eaton 等（2004）研究表明，出口企业和非出口企业即使在同一产业内都存在着生产率、企业规模、资本密集度等各方面的差异，且同一产业内企业间的差异显著大于不同产业间的差异，因此，无论是生产率，还是企业规模、资本密集度等，企业都是异质的。但新贸易理论假设企业是同质的，这明显与现实不符，也不能用来解释为什么有的企业出口，有的企业不出口。

此外，20 世纪 90 年代以后，跨国公司在全球经济中扮演着越来越重要的角色，其数量剧增，规模不断扩大，它已成为国际经济活动的核心组织者（孔欣和宋佳琴，2011）。在跨国公司的国际化经营中，中间投入品贸易占全球贸易的比重不断上升。跨国公司为达到全球范围内最有效的资源配置，进行越来越复杂的一体化战略。那么跨国公司如何在全球范围内进行有效的生产链配置？是采用 FDI 建立子公司在企业内进行中间投入品贸易，即实行一体化战略，还是以外包形式从外部企业通过市场交易获得中间投入品？这需要比较不同形式的机会成本，由此带来了跨国公司国际化生产方式的选择问题——选择企业间外包还是选择一体化的企业内贸易。这些现象都是以单个企业为研究对象，而新贸易理论研究的是国家和产业层面，因此它无法解释这些现象。

基于上述背景，以异质性企业贸易模型（Trade Models with Heterogeneous Firms）和企业内生边界模型（Endogenous Boundary Model of the Firm）为代表的“新新贸易理论”（New-New Trade Theory）便应运而生。“新新贸易理论”这一概念最早是由 Baldwin 于 2004 年提出（Baldwin 和 Nicoud，2004），而较早的文献，如 Bernard 等（2003）、Melitz 和 Antràs（2003）虽对该理论做了详细论述，但均未将这一理论命名为“新新贸易理论”（朱廷珺和李宏兵，2010）。

Melitz（2003）以 Hopenhayn（1992）一般均衡框架下的垄断竞争动态产业模型为基础，扩展了 Krugman（1980）的贸易模型，引入了企业生产率异质性，建立了异质性企业动态产业模型，该模型解释了国际贸易中企业的异质性和企业的出口决策行为。Melitz 模型假设一家企业若要进入出口市场必须克服除生产成本以外的两种成本，包括出口固定成本（了解国外市场需求、国外产品宣传、寻找交易伙伴、建立分销渠道等）和出口边际成本（国际运输费用、保险费用、通关费用等）。只有生产率达到某一临界值以上的企业，其出口预期利润超过出口固定成本和边际成本，它才能进入国外市场，而生产率较低的企业由于贸易开放导致的竞争而被淘汰。在这一情况下，贸易使得生产率最高企业选择出口（同时服务于国内市场），生产率居中企业仅在国内销售，而生产率最低的企业则被迫退出市场。因此，国际贸易带来了企业的优胜劣汰，促进了资源的重新配置，使资源流向生产率高的企业，而迫使生产率低的企业退出市场，从而提高了整个行业的生产率。

Bernard 等（2003）也建立了一个异质性企业贸易模型，他们的模型采用的是 Bernard 竞争而非垄断竞争的市场结构，这与 Melitz 模型有明显的不同，他们主要考察企业生产率与出口的关系，通过对全球范围内贸易壁垒削减 5%情形的模拟发现，贸易额上涨了将近 40%，而由于高生产率企业的出口扩张和低生产率企业被迫退出市场，总生产率水平得到了提升。

Melitz 异质性企业贸易模型提出以后，由于其假设前提较为严格，且只引入生产率差异这一种企业异质性，论述较为简单。以后的学者就此进行了多角度的扩展，从而丰富和完善了异质性企业贸易理论。

Yeaple（2005）在 Melitz（2003）的基础上构建了一个一般均衡贸易模型，扩展了企业异质性的来源，将竞争性技术、国际贸易成本、异质性技术工人作为企业异质性的来源引入模型中，同时他还将贸易成本与企业进入、技术选择、是否出口以及雇用工人的类型这四者联系起来，用来探寻企业技术溢价的真正原因。Grossman 等（2006）将 Melitz 模型的异质性企业和 Yeaple（2003）水平型 FDI 和垂直型 FDI 模型结合起来考察发达国家跨国企业组织形式最优选择问题。

Melitz 模型只考察了一个最简单的单要素—单部门—两国家的经济。Bernard 等（2007）对此进行了扩展，构造了一个两要素—两部门—两国家的一般均衡模型来研究国家、行业及企业特性对一国贸易自由化的影响。当企业生产率、国家要素相对丰裕度及行业要素密集度存在差异时，贸易成本的下降会导致国家内和产业内的资源重置，并刺激比较优势产业出现更多的创新性破坏，扩大前期的比较优势，获得额外的贸易利得。Helpman 等（2004）也构建了一个多国、多部门的一般均衡贸易模型，进一步研究了异质性企业国际贸易路径的选择问题——是直接出口还是通过 FDI 来开拓国际市场。

Helpman（2006）则在 Melitz 模型基础上更细致地分析了出口与 FDI 的选择问题。他们建立了一个分析跨国公司一体化战略选择的理论模型，并在企业异质性的假设下，将 FDI 分为水平型 FDI 和垂直型 FDI，结果发现，生产率最低的企业不从事 FDI，它们的生产进程全部在本国完成；生产率居中的企业从事部分 FDI；最有可能完全从事 FDI 的企业则为生产率最高的企业。Fajgelbaum 等（2009）在上述研究基础上做了进一步分析，在消费者收入、偏好和产品都存在异质性的假设前提下，分析企业贸易选择和福利分配的问题。

Melitz 和 Ottaviano（2008）从企业生产率差异和内生性差异出发，考察市场规模、贸易和生产率的关系，结果发现，企业间竞争的激烈程度受到市场规模和贸易的显著影响，同时反馈到该市场中企业的出口活动上。总生产率水平取决于市场规模和贸易带来的市场一体化程度的双重作用。市场一体化程度越高，市场规模越大，总生产率水平越高。他还放松了异质企业模型中的 CES 函数假定，构建了一个线性产品需求函数，并把原模型未考察的市场利润和利润加成内生化了，结果表明，由于高生产率企业的出口扩张和低生产率企业的退出，产业内资源得到重新配置。企业从贸易获得的利益除来自产品的多样性和高水平的平均生产率外，还来自于更低的加成和产品价格。Helpman 等（2008）放松了 Melize 模型对称性国家的假定，假定非对称国家并利用引力模型对 Melitz 模型进行了扩展，结果发现，企业生产率差异导致的选择偏差带来的影响远远大于由于样本选择而导致的 Heckman 偏差，这也很好地解释了双边贸易不平衡的问题。Manova（2008）在 Melitz 模型中首次引入信贷约束，利用同样的方法分析发现，企业由于生产率不同而获得不同的出口信贷支持，生产率越高的企业获得的出口信贷支持越多，金融发达国家的企业更易进入出口市场且出口产品数量更多，依赖外部融资部门的这一效应表现更为突出。Demidova 和 Rodriguez-Clare（2009）在 Melitz 模型的基础上，考察了一个小国在开放经济条件下，政府如何通过出口补贴、出口税、消费补贴、消费税和进口关税来调节本国经济面临的扭曲，实现本国福利的最大化。这实际上是一个最优贸易政策的选择问题，但研究发现，无论选择以上三种政策工具的哪一种，若要最大化本国福利，就必须降低本国产业的技术门槛和总体生产率。

对于异质性企业贸易模型，国内学者大多基于国外经典理论，利用中国微观企业数据进行经验分析，但仍有少数学者进行了部分理论扩展。如李春顶和王龄（2009）以 Melitz 模型的分析框架为基础，放弃了企业生产边际成本不可知且服从随机分布的假设，假定该成本可预知，结果发现，政府的职责在于创立公平的市场环境，充分利用市场机制的作用，让企业自主选择出口与否，而不应该采用政策工具来影响企业的出口行为。汤二子和刘海洋（2012）通过扩展异质性贸易模型建立了一个旨在解释“生产率悖论”的数理模型，该模型尽管对“生产率悖论”进行了很好的解释，但并未否认生产率对企业出口的重要作用。文章最后用 LP 方法测算了中国制造业企业的生产率并检验出口企业“生产率悖论”的存在性，结果发现，中国大部分制造业分行业并不存在“生产率悖论”。文章最后指出，生产率只是企业出口的一个必要而不充分条件，而非经典异质性企业贸易模型中所指出的充分条件。

尽管异质性企业贸易模型解释了企业进入国际市场的方式选择，即企业是选择既在国内销售又出口，或既在国内销售又进行 FDI，或既在国内销售又出口和 FDI 等，但该模型无法解释企业的国际化决策问题——实行企业内贸易的一体化战略还是通过市场交易、分包或其他形式进行企业间贸易。Antràs（2003）开创性地将 Grossman-Hart-Moore 的企业理论和 Helpman-Krugman 的贸易理论结合在一个理论框架下，构建了一个关于企业边界的不完全契约产权模型，并用它来分析企业选择外包或是一体化战略的决定因素。Antràs 认为，按照商业实践，在多数情形下，企业对于资本密集型投入品一般倾向于企业内贸易，采用一体化形式；对于劳动密集型投入品一般倾向于企业间贸易，采用外包形式，这一观点通过对美国企业公司内贸易的分析得到了证实。Antràs 和 Helpman（2004）将 Melitz 模型和 Antràs 的企业内生边界模型结合构建了一个新的理论分析框架，结果发现，企业由于生产率的异质性而选择不同的企业组织形式、企业所有制性质和中间投入品的生产地点。低总部服务密集度的产业存在非一体化均衡：低生产率企业选择在国内外包，高生产率企业选择在国外外包。高总部服务密集度的产业存在国内一体化、国内外包、国外外包和 FDI 四种均衡：生产率最高的企业选择 FDI，生产率次之的企业选择在国外外包，生产率再次的企业选择在国内一体化，生产率最低的企业选择在国内外包。

Antràs（2005）在 Vernon（1966）的基础上构建了一个动态一般均衡的南北贸易模型，用来解释不完全国际合约如何导致产品周期的产生。模型结论表明，南方国家合约的不完全性和高技术投入品重要性会随着产品的市场寿命和成熟度下降，这导致了产品周期的出现。合约的不完全性导致了低技术投入研发的减少，从而使其转移至具有低工资优势的南方国家生产，而当企业选择在南方国家生产时，首先会通过 FDI 方式进行企业内贸易，随后才会选择企业间外包等形式。

Grossman 和 Helpman（2005）考察了契约环境对外包的影响，结果表明，在一定情况下一国契约环境的改善对该国外包的相对利润有显著的提升作用，全球契约环境的改善对北方国家的外包有显著正向影响，南方国家契约环境的改善对当地外包数量影响不确定，但却显著增加了来自北方国家的外包数量。Nunn（2007）分析了契约不完全性对国际贸易的影响，实证分析指出，若一国具有更好的法律体系，则该国契约密集型投入高的产业出口更多。

Antràs 和 Helpman（2006）在 Antràs 和 Helpman（2004）的基础上，假设存在不同程度的契约摩擦，并允许该程度因不同投入品和国家而存在不同。模型表明，最终产品的生产企业和中间投入品供货企业进行关系专用性投资，只能进行不完全契约，或者以一体化形式，或者以外包形式。企业根据其生产率的差异来决定是实行一体化形式还是外包形式，并决定在哪国进行。Antràs 和 Costinot（2011）则构建了一个简单的中间品贸易模型，考察中介机构在贸易中的作用，并分析在贸易活动过程中中介机构与各经济体间的利益分配和跨国公司贸易模式的选择。

二、产业集聚理论

自产业革命以来，世界经济活动的三个重要现象引起了世人的关注：①世界制成品的绝大部分在数量有限、产业高度集中的工业核心区被生产；②相似或相联系的产业趋向位于相同的特定区位；③上述两种情况随着时间的推移将进一步持续下去。这种经济现象被称为经济集聚现象。相似或相关产业在相同区位聚集并变得日益相互依赖而形成产业集聚，这已经成为当今世界经济发展的主流，也是本书研究的重点之一。

产业集聚的本质是产业内生产要素或与该产业有关的生产要素在特定地理范围的高度聚集，从中起作用的经济机制是规模经济、正的外部经济、创新活动的形成以及技术传播的路径与范围等（徐康宁，2006）。

20 世纪初期国外就开始研究产业集聚理论，已形成了一套较为成熟的理论体系。产业集聚理论主要集中研究产业集聚的形成机制，创新、经济增长、产业政策、贸易自由化等与产业集聚间的关系。产业集聚的研究涉及了国际经济学、产业经济学、发展经济学、经济地理学等多门学科。国内产业集聚研究始于 20 世纪 80 年代末，起步较晚，研究内容较零散，缺乏系统的理论研究，大多直接引用国外理论利用中国产业数据进行实证研究。下面按时间顺序介绍几个国外最具代表性的产业集聚理论。

1. 马歇尔的产业区位理论

马歇尔是公认的第一位系统研究产业集聚问题的经济学家，在其著作《经济学原理》中系统地阐述了产业集聚背后的驱动力量。19 世纪末期，他通过对英国和欧洲其他国家蓬勃发展的“地方化”产业持续而细致的观察发现，规模较小、产品类似的企业在一定空间上聚集起来形成“产业区”，并且这些“产业区”可促进区内单个企业的成长。马歇尔认为，这些企业之所以会在特定区域集聚，最初的原因可能是自然的因素，也可能是政府的许可，到了工业化时期，规模经济利益则是其产生的主要原因。他把规模经济划分为内部规模经济和外部规模经济。前者是指随着企业生产要素投入的增加，企业的产出以更大的规模增加，从而使企业的平均成本下降。后者是指整个产业发展规模的扩大会使产业内单个企业的平均成本下降。马歇尔发现，外部规模经济是产业聚集的主要原因，他认为，产业在特定地区的聚集可以更快地形成更大范围的外部规模经济。

从外部规模经济出发，马歇尔分别从三个因素阐述集聚形成的原因和作用机制，这三个因素为，劳动力市场共享、中间产品投入和技术外溢。技术外溢正是新增长理论的逻辑基础，而中间投入品则表明集聚中产业间的联系，这又正是新经济地理学模型的理论基础。马歇尔的论述虽然比较粗泛，也没有现代经济学的严谨推理与证明，但其思想很深刻，其提出的三因素分析成为后人研究产业集聚形成机制的理论基础。

2. 韦伯的古典工业区位理论

德国经济学家韦伯是近代工业区位理论的创始人。他于 1909 年出版的《工业区位理论》系统地研究了工业活动的空间集聚问题，并首次提出了“集聚经济”的概念。他认为工业区位分布受两类因素影响：第一类是影响工业分布于各区域的“区域性因素”，主要是指运输成本和劳动力成本。第二类是集聚因素，主要影响工业集中于某一点而非均匀分布。韦伯的区位因素理论是指运输成本首先在运费最低的区位形成区位单元，然后劳动力成本和集聚因素作为一种“改变力”同运输成本进行网络竞争。韦伯（1997）指出“集聚因素是一种优势，或是一种生产的廉价，或者是生产在很大程度上被带到某一地点所产生的市场化……可以指出，在一定的集中化程度下，成本因工业的集中化而降低，单位产品的成本指数比工业完全分散情况下的成本指数要低，也比较少集中化的工业要低”。他认为，对任一集中化的工业，集聚因素和分散因素相互作用最终导致单位产品一定量的成本节约，不同集聚规模将产生不同的节约指数，节约指数随着规模的增大而增大，对于每一集中化阶段的节约指数就构成了集聚经济函数。韦伯把集聚分为初级和高级两个阶段，初级阶段是指通过企业自身的规模扩张而引起的产业集中，高级阶段是指依靠大企业以完善的组织方式进行地方集中化，吸引更多企业聚集，此时，大规模生产的显著经济优势就是有效的地方性聚集效应。

韦伯的工业区位理论从运输成本、劳动力成本及集聚因素等方面解释了产业为何会在某地区集中，并提出了产业集聚的几个条件，在区域经济学的范畴内研究了产业集聚问题，但由于区域经济学在研究方法和范式上与主流经济学有较大差异，因此，在较长时间里，韦伯的理论都被排斥在主流经济学之外，加之其理论在后人看来存在很多不足，故他的理论并未受到很大的关注。

3. 胡佛的产业集聚最佳规模理论

胡佛（1992）认为，产业集聚区域为一种规模经济区，他将规模经济区分为三个不同层次：①单个区位单元的规模经济；②单个公司（即联合企业体）的规模经济；③某个产业在一定区位的集聚整体的规模经济。胡佛认为，产业集聚来源于企业内在规模经济、地方化经济和城市化经济，而这些经济各自得以达到最大值的规模则可分别被看作为厂商最佳规模、产业最佳规模和集聚体最佳规模。胡佛的贡献在于，他首先指出产业集聚在一个最佳规模，产业集聚内企业太少或太多都达不到产生最佳产业集聚区的整体效应。此外，胡佛还对产业集聚和区域经济增长的关系进行了深入研究，结果发现，区域经济增长具有自我强化机制，其强化过程体现在区域内各产业间复杂的相互联系和相互作用上。

4. 新经济地理学

关于经济聚集的形成机制及内在规律，经济地理学早在半个多世纪前就做过许多研究，并留下一系列宝贵文献。但这些研究一直不被主流经济学所重视，其原因在于以往经济地理学的研究方法并没有采用经济学的研究方法（Krugman，1995）。

克鲁格曼将空间因素引入主流经济学的分析框架，从报酬递增和不完全竞争的假设出发，建立起“中心—外围”模型和市场效应模型来解释产业集聚的形成机制，其基本脉络：即使两个地区具有非常相近的纯自然条件，但源于一些偶然性的历史因素可能导致产业开始集聚于一个地区，由于经济活动的报酬递增作用，在地区间的交易成本不足以达到分隔市场的情况下，产业集聚就可能发生。区域专业化格局一旦形成以后，这种格局将通过贸易不断积累发展下去，在报酬递增的作用下得到自我加强。

克鲁格曼将国际贸易理论中集聚的本地市场效应与要素资源可流动性相结合，认为收益递增和运输成本的双重作用决定了产业与企业的地理集聚与分散布局。克鲁格曼还将贸易理论与区位理论相结合，从微观企业的区位决策角度探索产业集聚是如何影响企业的地理分布，从而影响区域经济的发展（江激宇，2006）。新经济地理学运用数学建模的方法，采用经济学研究范式对产业空间聚集进行了详细的论述和证明，它冲破了马歇尔的产业区位理论，为产业集聚的形成提供了强有力的理论支撑。

5. 波特的新竞争理论

20 世纪 90 年代，迈克尔·波特及后来一些学者把竞争力的内涵引入区域经济及国家经济的研究中，并在这些研究中讨论经济活动的空间集聚现象，这使得对集聚问题的研究又有了新的内容。以波特为代表的竞争力理论被学术界称为新竞争理论。

波特从产业竞争优势的角度研究经济活动的聚集问题，并提出了产业集群的概念。自此以后，关于此方面的研究日益增多，并逐渐形成了一种新的理论——新竞争理论。按照该理论，产业主要通过外部经济、信息与公共物品的共享、关联产品的整体性来取得竞争优势。产业集聚区内企业众多，这些企业专业化分工程度高，生产效率高，虽然规模不大，但彼此联系紧密，形成了产业内的上下游配套关系。良好的技术支持和贸易服务被提供给每个企业，从而使每个企业获得了一种外部规模经济。波特（1998）认为，广泛的市场、技术和竞争性信息会积累于集聚区内，集聚在一起的企业更容易得到它们。另外，作为一种独特的产业组织，集聚区内企业间的关系乃至个人关系已不同一般，信用机制建立于其中，这使信息更具有可传递性。针对关联产品的整体性，产业集群区内企业联系紧密，形成了上下游的配套关系，这种密切联系使得外部规模经济得以形成，从而使整体利益大于内部各个厂商的利益之和。此外，与区外孤立企业相比，集聚区内企业的持续创新和创新能力更强，更具有竞争优势（波特，1998）。因为集聚区内企业面对着大量的买方企业，并且它们的需求是多样化的，这就促使集聚区内企业不断研制新产品，以满足买方需求，另外，集聚区内企业面临的竞争压力很大，企业只有通过技术创新来增强竞争力才能存活下来。

波特的新竞争理论从经济的和历史的角度出发，通过案例分析，采用归纳法来探讨产业集聚的规律，包括产业集聚对企业竞争力的影响，这无疑更贴近于经济活动的现实情况，因此对企业家们有更直接的指导作用。

第二节　实证研究文献综述

一、出口与生产率

对出口与生产率关系的研究是新新贸易理论研究的热点之一。经过大量的实证研究，学者们得出了一条经验规律：出口企业的生产率比非出口企业要高。为解释这一现象，学者们提出了两个假说：一是出口的自我选择效应，它是指由于企业进入国外市场要克服一定的固定成本（市场调研、分销渠道的建立和员工培训等所需费用），只有生产率高的企业才能在国外市场获得利润从而选择出口；二是出口学习效应，它是指企业可以通过出口来提升自身生产率水平。

在关于企业异质性贸易理论的经典文献 Melitz（2003）问世之前，Clerides 等（1998）就已经提出了出口自我选择效应假说，他们运用哥伦比亚、摩洛哥和墨西哥的企业数据考察了出口与生产率之间的关系，结果发现，出口自我选择效应显著存在。自 Clerides 等（1998）之后，加之对 Melitz（2003）理论模型的进一步阐释，利用不同国别或地区的企业数据来考察出口自我选择效应的经验研究接踵而来。

Bernard 和 Jensen（2004）除考察生产率对企业出口决策的影响外，还考察了其他因素，包括出口经验、平均工资、汇率、邻近出口企业的溢出和政府补贴。结果表明，出口经验对出口决策的影响显著为正，其他出口企业的外溢影响非常小，政府补贴的影响并不显著，因估计方式的不同，生产率对出口决策的影响显著性不同。

Sjöholm（2003）基于印度尼西亚制造业企业数据，考察了企业外资的所有权、进口，FDI 等因素对企业出口倾向的影响。他认为，只有少部分企业选择出口的原因是企业进入国外市场存在沉淀成本。研究发现，企业外资的所有权和进口均对企业出口倾向的影响显著为正，而 FDI 的外溢效应并不明显。

Cole 等（2010）基于泰国 2001~2004 年制造业的年度调查数据分析了企业异质性与其出口倾向的关系。结果发现，进入出口市场的沉淀成本和企业自身特性均是影响企业出口倾向的重要因素，且从企业所有制性质的视角考察得出外资企业比内资企业具有更高的出口倾向。此外，他们还利用三种不同的生产率测算方法（劳动生产率法、半参数法和系数估计法）得出了以下结果：高生产率的企业自我选择进入出口市场，即出口自我选择效应显著存在。

Lawless 和 Welan（2008）利用爱尔兰的企业数据来考察出口目的地和生产率等企业特性对企业出口倾向的影响，结果发现，企业生产率对企业出口倾向的影响十分有限，出口目的地对企业出口倾向的影响比较显著，即企业先前出口到一个特定市场的行为会较大程度地提高当前出口至该市场的概率。

除上述文献外，还有不少其他国别和地区的相关经验研究用来检验企业出口与生产率的关系。针对出口的自我选择效应，Bernard 和 Jensen（1999，2004）利用美国企业数据，Greenaway 和 Kneller（2004）、Greenaway 和 Yu（2004）、Crespi 等（2006）利用英国企业数据，Wagner（2007）、Arnold 和 Hussinger（2005）利用德国企业数据，Castellani（2002）、Serti 和 Tomasi（2008）利用意大利企业数据，Kimura 和 Kiyota（2006）利用日本企业数据，Johanson 和 Vahlne（1990）、Falvey 等（2005）利用瑞士企业数据，Loecker（2007）、Kostevc（2009）利用斯洛文尼亚企业数据，Farinas 和 Martin-Marcos（2007）、Manez-Castillejo 等（2010）利用西班牙企业数据，Kox 和 Rojas-Romagosa（2010）利用荷兰企业数据进行实证分析，结果都支持了出口的自我选择效应，而针对发展中国家的情况则表现出一定的不确定性，如 Blalock 和 Gertler（2004）基于印度尼西亚企业数据的实证检验并不支持出口的自我选择效应，但 Van Biesebroeck（2005）利用 9 个非洲国家的企业数据却证实了出口的自我选择效应。总之，对绝大部分国家或地区企业层面的实证分析均证实了出口的自我选择效应，发展中国家可能由于转型造成的特殊经济和制度环境而使结果具有不确定性。因此，立足于中国这样发展中大国的现实经验来检验国外经典理论假说的有效性具有必要性和现实性。国内有关此方面的研究逐渐增多，但所得结论并不一致。易靖韬（2009）利用浙江省 2001~2003 年的企业面板数据，唐宜红和林发勤（2009）利用中国 2005 年工业普查的企业数据都支持了出口的自我选择效应假说，但李春顶（2009，2010）、李春顶和赵美英（2010）利用中国企业数据证实了“生产率悖论”的存在，即生产率低的企业反而选择出口，并发现加工贸易企业的大量存在是“生产率悖论”产生的原因。

通过对有关出口自我选择效应经验文献的梳理，可得出大部分文献均证实了这一效应，但针对出口学习效应，相关文献的研究结论并不清晰。总体来看，绝大部分欠发达国家和发展中国家的经验研究都支持这一假说，而对发达国家的检验却存在相当的不确定性。如 Jensen 和 Musick（1996）、Bernard 和 Jensen（2004）利用美国企业数据，Wagner（2002，2007）、Arnold 和 Hussinger（2005）利用德国企业数据，Gastellani（2002）利用意大利企业数据都未支持出口学习效应。这一结论正好与出口自我选择效应的检验结果相反，这也正从微观层面向我们展示了，在贸易自由化和全球一体化的今天，“南—北”经济体间所呈现出来的生产率“趋同”，以及贸易自由化过程中生产率动态调整的总体态势。

基于中国企业数据对出口学习效应检验的结果也不一致。张杰等（2009）基于 1999~2003 年中国工业企业数据库考察了出口对中国企业生产率的促进作用，结果发现，在企业进入出口市场后 3 年内出口能显著提高中国本土制造业企业的生产率，但第 4 年出口对企业生产率并无显著影响。钱学锋等（2011）利用 1999~2007 年中国工业企业数据库考察了出口和生产率的关系，结果发现，中国工业企业不仅存在显著的出口自我选择效应，还存在显著的出口学习效应。许斌（2006）利用 1998~2000 年 1000 多家不同所有制类型企业的数据考察了出口的“学习效应”和自我选择效应，结果表明，民营企业出口的“学习效应”显著高于公有制和外资企业，但无证据支持企业的出口自我选择效应。李春顶和赵美英（2010）基于 2007 年中国制造业企业数据，从总体和分行业两方面检验了出口对企业生产率的影响，结果发现，不但没有积极作用，反而存在负面影响。张礼卿和孙俊新（2010）基于 2004~2007 年中国制造业企业数据，利用 OP 方法测算全要素生产率，利用出口产出比测算企业出口，结果发现，出口对企业全要素生产率增长的影响并不显著。

还有文献提出，是否存在出口学习效应视情况而定，它与某些重要变量有关。Loecker（2007）发现，出口目的地是一个重要因素，相比出口到发展中国家的企业，出口到发达国家的企业生产率增长更快。Park 等（2010）发现，若企业出口目的地的货币贬值幅度越小，则企业对其出口增长越快，与此同时还伴随着生产率的提高。Greenaway 和 Kneller（2008）基于英国企业数据的研究发现，企业出口后的生产率是否提高与企业所处的行业特征显著相关。戴觅和余淼杰（2011）基于 2001~2007 年中国制造业企业数据的研究发现，对于出口前有研发投入的企业，出口对生产率的提升作用持续时间长且幅度较大，但对于出口前无研发投入的企业，出口对生产率的提升效应并不显著或该效应持续时间短且弱。

二、集聚与出口

国内外文献主要从行业层面或企业层面的产业集聚和出口企业的空间集

聚两个角度来分析集聚与出口的关系。国外相关实证文献：Aitken（1997）发现，出口企业的集聚可降低同一行业其他企业进入出口市场的信息收集的成本、销售渠道的成本等，从而促进其出口。Duranton 和 Puga（2004）研究发现，通过集聚经济的分享、匹配和学习机制来增强其分析信息的能力并降低其进入海外市场的成本，从而有利于提升企业的出口绩效。Greenaway 和 Kneller（2008）基于 1993~1996 年英国跨国公司数据，不仅证实了生产率高且规模较大的企业更易克服沉淀成本进入海外市场，而且还证实了产业和空间集聚会影响企业的出口概率。Lovely 等（2005）基于 2000 年美国企业数据，经过实证研究发现，与非出口企业相比，出口企业的地理集中程度会随着产品出口到复杂贸易环境目的地的市场份额的增加而提高。Koenig 等（2010）考察了法国制造业出口商的空间集聚对其他出口商出口决策的影响，结果发现，法国制造业确实存在显著的出口集聚效应。本地出口商对其他企业向某个既定国家出口概率的影响显著为正，这些效应具有显著的目的地指向性，且采用产业或国家层面的溢出效应指标时，这种效应会减弱。Kox（2012）基于 1999~2005 年荷兰服务性企业数据重点考察集聚对企业出口倾向的影响，结果发现，将集聚效应与出口企业进入特定国外市场的预期成本相比较，可得到显著为正的生产率选择效应，且与非出口企业相比，出口企业的此效应在非城市地区和较小的集聚区更强，在同质性产品市场中该效应最强。

虽然大部分国外文献都证实集聚对企业出口有显著的正效应，但也有一部分国外学者得出了相反的结论。Barrios 等（2003）运用西班牙的企业数据进行实证研究得出：除非集聚在某企业周围的出口企业为该企业的母国企业且同属于该企业所在行业，否则该企业无法从其他出口企业中获得正向溢出效应。Bernard 和 Jensen（2004）基于 1984~1992 年美国工业企业数据研究发现，生产率、规模、平均工资等企业自身特性及有利的汇率冲击等宏观因素都对企业出口决策的影响显著为正，但出口企业的集聚对企业出口决策并无影响。Kang（2011）通过引入集聚变量（以熟练工人数测算）的平方项来考察集聚成本是否存在及其对企业出口决策的影响，结果发现，该平方项对企业出口决策的影响显著为负，即过度集聚产生的拥挤成本可能阻碍企业出口。

国内学者对集聚与出口关系的研究较少。有的从行业层面进行研究，如杨丹萍（2009）运用1998~2007年浙江省纺织产业的数据研究发现，出口贸易与产业集聚相互促进、相互影响。袁欣和李深远（2007）指出，广东省电子产业的产业集聚与出口存在协整关系，产业集聚有利于电子产业的出口。有的从企业层面进行研究，此方面的绝大部分文献都证实了产业集聚或出口企业的空间集聚对企业出口决策影响为正，如刘志彪和张杰（2009）、易靖韬（2009）、潘峰华（2011）、赵婷和金祥荣（2011）、宣烨和宣思源（2012）、叫婷婷和赵永亮（2013）等。与此同时，少数中国学者对此持相反的观点，邱斌和周荣军（2011）基于1999~2007年中国企业数据研究发现：同类行业出口企业在空间上的集聚能促进企业的出口，但此集聚具有一定的限度，超过该限度可能会带来负的外部效应，即出口企业的空间集聚与企业出口存在倒“U”形的关系。赖永剑（2011）运用2005~2007年庞大的中国制造业企业数据经过实证分析得出，不同形式的空间集聚对企业出口决策的影响不同；专业化外部性对企业出口决策的影响显著为正，多样化外部性反而会阻碍企业出口，竞争外部性则对企业出口决策的影响不确定。

三、集聚与生产率

产业集聚外部性理论认为，空间上集聚的企业通过同一产业内的地方化经济（Marshall外部性，也称专业化经济）和不同产业间的城市化经济（Jacobs外部性，也称多样化经济）产生技术外部性，从而产生集聚经济效应，推动企业生产率增长。集聚经济实际上是一种外部经济，它是指企业生产经营活动在空间上集聚所带来的经济效益和成本节约，从广义上讲，它可以是产业集聚对地区经济增长、地区生产率、企业出口、企业生产率或企业创新活动等的影响，但大多数文献中集聚经济是指产业集聚对生产率的影响。本书也采用此观点，而把广义上的集聚经济称为集聚效应。

大量文献对集聚经济效应的存在性与大小进行了研究，但囿于微观数据的匮乏，大部分国内外传统文献都只在省份、城市或行业层面来研究集聚经济效应。如Nakamura（1985）和Henderson（1986）采用日本城市层面数据来研究地方化经济效应，而采取美国和巴西城市层面数据来研究城市化经济效应，经过研究发现，城市化经济在某些行业存在，但地方化经济更为显著。

Moomaw（1988）使用美国二分位数行业的数据估计了制造业部门的劳动力需求方程，结果证实，美国制造业部门中存在显著的地方化经济。Henderson 等（1995）基于城市级别，利用美国传统制造业和高新产业八个二分位数行业数据，经过研究发现，地方化经济存在于传统及高新行业中，但城市化经济仅存在于高新产业中。Pan 和 Zhang（2002）基于中国 224 个城市 28 个行业的数据考察了中国城市生产率与城市规模间的关系，结果发现，中国城市确实存在显著的集聚经济。Mukkala（2004）测算了芬兰工业的全员劳动生产率发现，地方化更有利于地区生产率的提高。张昕和李廉水（2006）基于中国 34 个大型及特大型城市制造业数据的研究发现，集聚经济确实是导致中国大型城市制造业劳动生产率差异的重要原因，且地方化经济效应显著大于城市化经济效应。陈良文和杨开忠（2006）利用中国制造业八个行业分省的面板数据实证得出，大部分行业同时存在地方化经济和城市化经济。柴志贤和黄祖辉（2008）考察了集聚经济对中国 19 个行业全要素生产率的影响结果发现，产业多样化有利于生产率的提高，但与行业特征无关，而专业化对行业技术效率有显著的促进作用，但对技术进步无益。以上文献都证实不论是地方化经济还是城市化经济都能促进行业生产率的提高或促进行业增长，但也有文献得出了不一致的结论。Glaeser 等（1992）利用美国 1956 年和 1987 年 170 个大城市 6 个最大二分位数行业的数据研究发现：相对于城市化经济效应的显著存在，地方化经济效应反而阻碍行业的增长。Batisse（2002）利用 1988 ~1997 年中国 29 个省区 30 个工业产业的数据，通过各产业增加值对专业化和多样化指标的回归，最后得出产业多样化有利于产业增长，但产业专业化却阻碍产业增长。薄文广（2007）利用中国 1994 ~ 2003 年 29 个省区 25 个行业的数据，经过研究发现，产业专业化水平与产业增长间存在显著负向关系，而产业多样化与产业增长间存在一种非线性关系。此外，范剑勇和石灵云（2009）对地方化经济进行细分，把其分为产业内集聚和产业间集聚，基于 2000 年和 2004 年中国省级四分位数制造业行业数据得出结论：产业内集聚和关联产业集聚都对劳动生产率的影响为正，且前者远远高于后者，而且针对不同的产业，这两种集聚效应对劳动生产率的影响不同。

在利用间接方法研究集聚经济效应的文献中，Sveikauskas 等（1988）基于美国城市层面的 14 个二分位数行业数据得出结论：城市总人口对其工资影响显著为正，即存在显著的城市化经济效应。Dekle 和 Eaton（1999）基于日本城市层面制造业和金融业的数据，通过选取城市工资水平、住房租金等间接指标，经过实证得出集聚经济效应的存在。赵祥（2009）利用 2002~2006 年广东省 21 个地级以上城市的数据，构造专业化和多样化指数，考察其对 29 个制造业二分位数行业各自的平均企业资产规模的影响，结果发现，专业化集聚对企业资产规模影响显著为正，而多样化集聚对其则无显著影响。

然而，集聚经济效应的传播通常只局限于很小的地理层面，省级、城市等区域范围太大，层面内经济活动分布不均匀，可能会使集聚经济效应无法发挥作用。Rosenthal 和 Strange（2003）研究发现，集聚经济在空间上衰减得十分迅速，Duranton 和 Overman（2002）也发现，地方化经济的影响范围为 50 公里以内。因此，在小范围内研究集聚经济效应成为近年来关注的重点。随着各国微观数据可获得性的增强，不少文献直接使用企业数据来研究集聚经济效应。如 Capello（2002）基于意大利米兰高科技企业数据，利用生产函数方法实证得出，相比城市化经济效应，地方化经济效应更重要。Cingano 和 Schivardi（2003）利用意大利企业数据实证得出，专业化经济对企业生产率的增长有正向影响，但多样化经济对其没有显著影响。Henderson（2003）利用美国机械制造业和高技术产业企业数据研究发现，地方化经济对高技术产业企业生产率的影响显著为正，而对机械制造业企业并无影响，城市化经济对这两类产业企业生产率都无显著影响。Martin 等（2011）利用 1996~2004 年法国企业数据实证得出，存在显著的地方化经济，但并不存在城市化经济。但遗憾的是，以上研究都未进一步考察企业异质性对集聚经济效应的影响。近些年来，一些学者在研究集聚经济对企业生产率的影响时开始关注企业异质性所起的作用。如 Anderson 和 Lööf（2009）利用 1997~2004 年瑞典制造业企业数据，在控制了规模、人力资本和出口等企业个体特性后，从动态和静态角度研究了集聚对生产率的影响。Damijan 和 Konings（2011）利用英国、法国和斯洛文尼亚的企业数据，考虑了企业规模对集聚经济效应的影响，结果发现，小企业能从集聚中获得更大的收益。刘修岩和陈至人（2012）利用 2005~2007 年中国制造业企业面板数据，采用分层线性模型的估计方法实证得出，控制企业个体特性后，城市化经济和地方化经济效应依然显著存在，且所有制类型确实影响企业从集聚中获得的收益。王良举和陈甬军（2013）

利用 2001~2007 年中国制造业企业数据研究发现，在控制企业资本密集度、研发、管理水平等因素后，就业规模更大的城市中企业具有更高的生产率；在控制前一期生产率水平后，就业规模更大的城市中企业当期生产率水平更高，表明在中国城市中确实存在显著的集聚经济效应。

四、文献简要述评

国内外文献大多只针对出口与生产率、集聚与出口、集聚与生产率两两之间的关系进行经验分析，很少有文献把三者放在一起研究，即使有，也只是利用国外数据进行实证研究，如 Kox（2012）、Békés 和 Harasztosi（2010）。而中国作为一个转型中的发展中大国，这方面的研究相当匮乏。西方的经验是否适用于中国？基于中国工业企业数据综合研究集聚、出口与生产率三者的关系又会得出怎样的结论？这些都是值得深入研究的问题。中国作为一个典型的发展中国家，关于此方面的中国经验研究也弥补了发展中国家此方面文献存在的严重不足。

随着中国经济的发展，产业集聚的现象日益突出，企业出口增长迅速，企业生产率虽有所增长，但增速较慢。企业的集聚、出口与生产率状况关系着中国经济的可持续发展，深入研究这三者的关系，有利于促进这三者更好地发展，从而有利于促进我国经济的可持续增长。本书首次大规模使用微观企业数据来综合分析集聚、出口与生产率的关系，此外，针对出口与生产率各自的特性、出口与生产率的关系从新的视角进行了详细考察，力求对这两者关系和各自特点有更深刻、更全新的把握。

第三章
集聚、出口与生产率：中国企业层面的特征事实

第一节 企业出口状况

改革开放以来，中国对外贸易发展迅猛，尤其是加入世界贸易组织以后，中国对外贸易更是取得了长足的进步。中国出口额占世界出口总额的比重由2001年的4.3%迅速提高到2007年的8.8%，2018年，中国贸易进出口总额为4.62万亿美元，占全球贸易总额的11.75%，成为全球第一大贸易国。但中国经济受世界经济的影响较大。譬如，2008年爆发的金融危机使中国GDP增速在2008年一年内下降了4个百分点，从第一季度的10.6%下降至第四季度的6.8%，为近十年来GDP增速波动最大（邵敏，2012）。出口增速自2000年起一直保持在20%以上，但到2008年也开始迅速下降，到2009年出口增速甚至为负。

以上从宏观角度分析了中国出口贸易的现状，下面我们基于1998~2007年中国工业企业数据库的企业数据从微观角度分析该现状。中国工业企业数据库是根据国家统计局“规模以上工业统计报表统计”取得的资料整理而成，该数据库记录了我国全部国有和规模以上（年主营业务收入500万元）的非国有工业企业的详细信息。我们选取了其中的制造业企业作为研究对象，共包括了30个两位数行业。此外，参考李玉红等（2008）的做法，本章剔除了以下不合逻辑的错误记录：①企业总产值、工业增加值及出口交货值为负；②企业各项投入为负，包括年均从业人员数、中间投入、固定资产净值为负；

③工业增加值或中间投入大于总产出。

从表 3.1 可得，中国制造业无论是企业总数、出口企业数量，还是出口总额都呈现逐年上升的趋势。2007 年的制造业企业总数是 1998 年的 2.47 倍，出口企业数量在十年间增长了 152%，1998~2007 年出口总额增长了约 7 倍。出口强度总体稳定在 0.2 左右，呈上升趋势，但在 2006 年和 2007 年略有下降。

表 3.1　1998~2007 年制造业企业出口总体变化趋势

单位：家，亿元

年份	1998	1999	2000	2001	2002	2003	2004	2005	2006	2007
企业总数	123207	130425	134330	145595	154859	171996	244602	242358	270474	304870
出口企业数量	30660	32629	35585	39240	43254	49423	73982	72687	76616	77484
出口总额	9398.6	10904.4	13875.9	15565.0	19275.6	26117.4	39264.4	46620.2	59296.3	72425.1
出口强度	0.1825	0.1821	0.1950	0.1938	0.2051	0.2130	0.2328	0.2232	0.2254	0.2121

由于区域经济发展的不平衡性，中国制造业出口可能存在很大的地域差异。按照已有文献的惯常做法，本书将全国划分为东、中、西部三大地区，东部包括北京市、天津市、河北省、辽宁省、上海市、江苏省、浙江省、福建省、山东省、广东省、广西壮族自治区、海南省和重庆市。中部包括山西省、内蒙古自治区、吉林省、黑龙江省、安徽省、江西省、河南省、湖北省和湖南省。西部包括四川省、贵州省、云南省、西藏自治区、陕西省、甘肃省、青海省、宁夏回族自治区、新疆维吾尔自治区。由表 3.2 可得：无论是出口企业数量占比，还是出口强度，东部地区都远远高于中、西部地区，这充分证实了东部地区是我国出口的前沿阵地。东部地区出口占比都在 0.3 以上，而中、西部大部分年份的出口占比都在 0.09 左右，西部地区在三大地区中出口占比最低。东部地区出口占比在 1998~2004 年稳步上升，2004 年后迅速下降，西部地区情况类似，中部地区出口占比在 2005 年猛增至一个最高点 0.25，2007 年却迅速下降至 0.1 以下，这些剧烈变化与国际经济大环境和国内产业调整有密切关系。图 3.1 给出了更直观的描述。针对三大地区的出口

强度，东部地区保持在 0. 2 左右，1998～2004 年稳中有升，2004 年后稍有下降；中西部地区的出口强度呈交替上升的现象，但总体都比较低，处在 0. 05 左右，更直观地可见图 3. 2。

表 3. 2　1998～2007 年三大地区制造业企业出口状况

年份		1998	1999	2000	2001	2002	2003	2004	2005	2006	2007
东部地区	出口占比	0. 3246	0. 3250	0. 3393	0. 3390	0. 3487	0. 3511	0. 3520	0. 3276	0. 3135	0. 3022
	出口强度	0. 2261	0. 2278	0. 2422	0. 2402	0. 2534	0. 2599	0. 2811	0. 2692	0. 2707	0. 2607
中部地区	出口占比	0. 0855	0. 0903	0. 0983	0. 0978	0. 1032	0. 1055	0. 1243	0. 2474	0. 2105	0. 0913
	出口强度	0. 0544	0. 0532	0. 0556	0. 0487	0. 0504	0. 0504	0. 0603	0. 0634	0. 0704	0. 0603
西部地区	出口占比	0. 0847	0. 0841	0. 0804	0. 0782	0. 0833	0. 0911	0. 1111	0. 0895	0. 0874	0. 0823
	出口强度	0. 0539	0. 0476	0. 0532	0. 0493	0. 0582	0. 0605	0. 0577	0. 0501	0. 0527	0. 0481

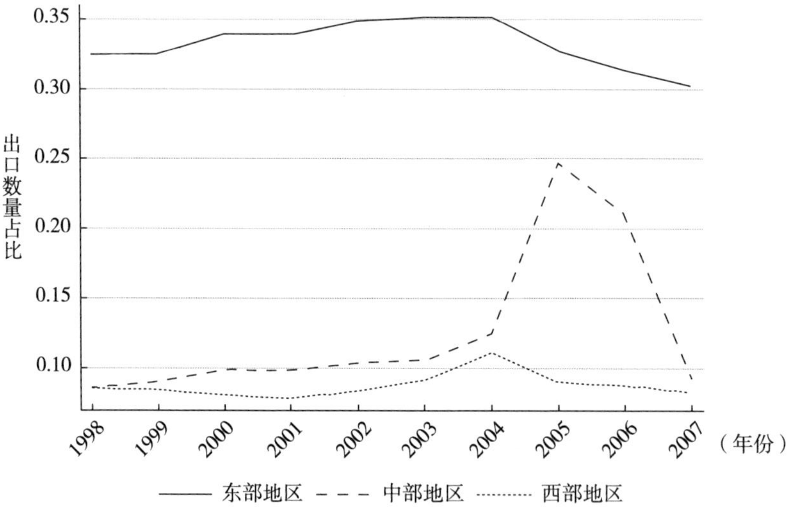

图 3. 1　1998～2007 年三大地区制造业出口企业数量占比对比

对于中国制造业来说，劳动密集型制造业是中国具有比较优势的出口产业，本书按照赖永剑（2011）的做法，将 30 个制造业行业划分为劳动密集型制造业和资本密集型制造业两个子样本，其中，前者包括农副食品加工业（13），食品制造业（14），饮料制造业（15），纺织业（17），纺织服装、鞋、帽制造业（18），皮革、毛皮、羽毛（绒）及其制品业（19），木材加工及

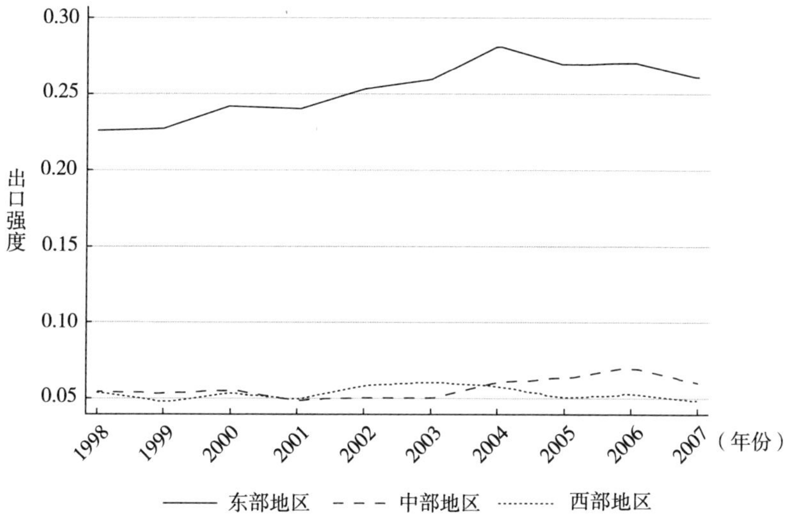

图 3.2　1998~2007 年三大地区制造业出口强度对比

木、竹、藤、棕、草制品业（20），家具制造业（21），造纸及纸制品业（22），印刷业和记录媒介的复制（23），文教体育用品制造业（24），橡胶制品业（29），塑料制品业（30），非金属矿物制品业（31），黑色金属冶炼及压延加工业（32），有色金属冶炼及压延加工业（33），金属制品业（34），废弃资源和废旧材料回收加工业（43），其他 12 个行业则为资本密集型制造业。表 3.3 和图 3.3 充分证实了传统观点。无论企业总数还是出口企业数量，劳动密集型制造业都远远高于资本密集型制造业，但对于出口企业数量占比，1999~2001 年劳动密集型制造业略低于资本密集型制造业。2002 年中国正式加入世界贸易组织以后，对外开放力度加大，对外贸易迅猛发展，特别是具有出口比较优势的劳动密集型制造业出口更是大增，2002~2006 年出口企业数量占比都高于资本密集型制造业。2007 年受世界经济增速放缓、人民币升值以及"高能耗、高污染、资源性产品"出口限制措施出台等方面的影响，两类制造业的出口都迅速下降，甚至劳动密集型制造业出口企业数量占比稍低于资本密集型制造业。

表 3.3　1998~2007 年劳动密集型与资本密集型制造业出口状况

年份	劳动密集型企业数（家）	劳动密集型出口企业数（家）	劳动密集型出口占比（%）	资本密集型企业数（家）	资本密集型出口企业数（家）	资本密集型出口占比（%）
1998	76269	19015	0.2493	46938	11645	0.2481
1999	80338	20005	0.2490	50087	12624	0.2520
2000	82233	21693	0.2638	52097	13892	0.2667
2001	88836	23781	0.2677	56759	15459	0.2724
2002	94692	26515	0.2800	60167	16739	0.2782
2003	104269	30090	0.2886	67727	19333	0.2855
2004	144088	43867	0.3085	98270	28820	0.2933
2005	144804	44670	0.3044	99798	29312	0.2937
2006	160532	45683	0.2846	109942	30933	0.2814
2007	179613	44950	0.2503	125257	32534	0.2597

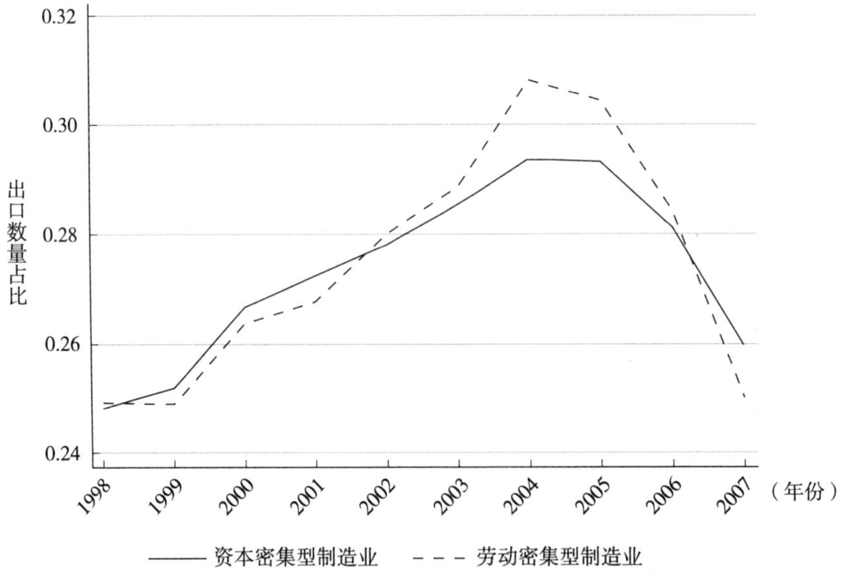

图 3.3　1998~2007 年劳动密集型与资本密集型制造业出口企业数量占比对比

由表 3.4 和图 3.4 可知，自 2002 年起资本密集型制造业出口强度显著高于劳动密集型制造业，这表明中国加入世界贸易组织后资本密集型制造业的出口虽然扩展边际增长不大，但集约边际增长迅速。1998~2007 年，资本密集型制造业的出口强度除 2005 年和 2007 年略有下降外，其他年份都稳步上升；劳动密集型制造业出口强度则在 2004 年后一直下降，一直稳定在 0.2 左右。

表 3.4　1998~2007 年劳动密集型与资本密集型制造业出口强度

单位：亿元

年份	劳动密集型制造业销售总额	劳动密集型制造业出口总额	劳动密集型制造业出口强度	资本密集型制造业销售总额	资本密集型制造业出口总额	资本密集型制造业出口强度
1998	25846. 7	5164. 7	0. 1998	25652. 1	4233. 8	0. 1650
1999	29286. 7	5780. 2	0. 1974	30588. 3	5124. 1	0. 1675
2000	33526. 1	7079. 8	0. 2112	37633. 1	6796. 0	0. 1806
2001	37820. 7	7484. 9	0. 1979	42514. 9	8080. 2	0. 1901
2002	43435. 8	8686. 0	0. 2000	50565. 6	10589. 6	0. 2094
2003	55718. 2	10961. 7	0. 1967	66886. 2	15155. 7	0. 2265
2004	77673. 4	15489. 7	0. 1994	90985. 2	23774. 7	0. 2613
2005	97514. 9	17714. 9	0. 1817	111349. 3	28905. 4	0. 2596
2006	123794. 8	21642. 1	0. 1748	139330. 7	37654. 3	0. 2703
2007	161685. 1	25300. 1	0. 1565	179846. 2	47125. 0	0. 2620

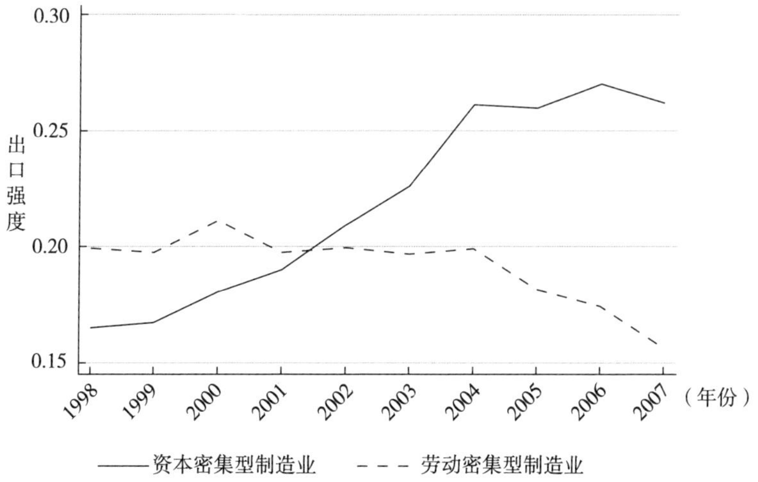

图 3.4　1998~2007 年劳动密集型与资本密集型制造业出口强度对比

由表 3. 5 可知，每年出口强度为 1 或低出口强度（0，0. 25］的企业占出口企业的比例都在 30%左右，而高出口强度（0. 75，1）的企业占比 20%左右，中度出口强度（0. 25，0. 5］与（0. 5，0. 75］的企业则各占出口企业的 10%左右。这说明我国高强度出口企业甚至完全出口企业大量存在。与以往国外经验研究结论相比，中国企业的出口强度较高，出口强度在 75%以上的企业基本占出口企业的一半。图 3. 5 给出了更直观的描述。

表 3. 5　1998~2007 年不同出口强度企业占出口企业百分比　　单位：%

年份 出口强度	1998	1999	2000	2001	2002	2003	2004	2005	2006	2007	总体
（0，0. 25］	0. 2792	0. 2729	0. 2639	0. 2572	0. 2515	0. 2464	0. 2537	0. 2889	0. 2815	0. 2427	0. 2647
（0. 25，0. 5］	0. 1235	0. 1243	0. 1204	0. 1167	0. 1185	0. 1177	0. 1099	0. 1122	0. 1184	0. 1273	0. 1186
（0. 5，0. 75］	0. 1165	0. 1160	0. 1139	0. 1136	0. 1179	0. 1175	0. 1055	0. 1094	0. 1159	0. 1220	0. 1147
（0. 75，1）	0. 2119	0. 2167	0. 2181	0. 2225	0. 2309	0. 2292	0. 2262	0. 2117	0. 2072	0. 2206	0. 2194
［1，1］	0. 2689	0. 2701	0. 2838	0. 2900	0. 2811	0. 2892	0. 3047	0. 2778	0. 2770	0. 2873	0. 2848

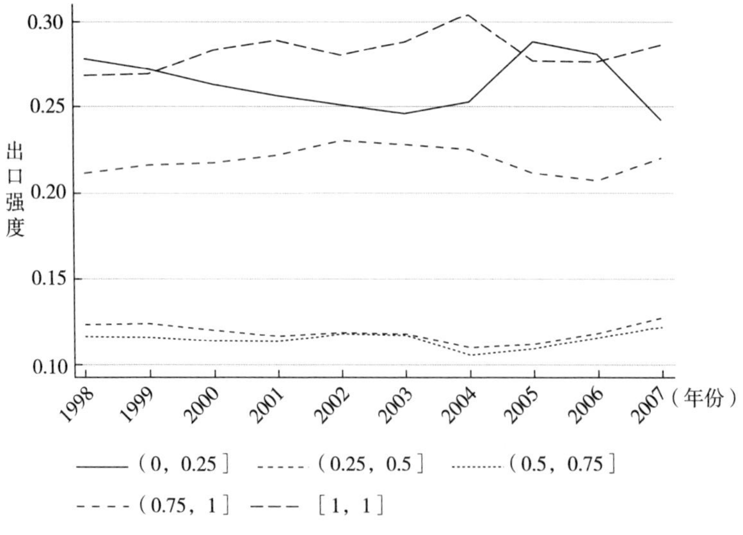

图 3. 5　1998~2007 年不同出口强度企业占出口企业百分比

第二节 企业生产率状况

一、生产率测算方法

生产率异质性作为企业一个重要的特征，对其准确测算是学术界研究的一个焦点问题。考虑到生产率的测算方法多种多样，下面我们对企业层面全要素生产率（Total Factor Productivity，TFP）的测算方法进行简要的述评，并比较各种方法的优缺点。基于此，我们联系后文的经验检验，选择合适的测算方法对企业生产率进行合理测算，力求得出较准确的企业 TFP。

虽然经典的企业异质性贸易模型 Melitz（2003）假设劳动为唯一的生产要素，并把它作为企业唯一的异质性特征。随后的一些经验研究也以劳动生产率来测度企业生产率异质性。但是，劳动生产率只考虑了劳动对产出的贡献，忽略了其他重要的投入要素，存在单一性和片面性的缺点，一些研究更倾向于使用 TFP 或 TFP 与劳动生产率共同测度企业的生产率异质性。随着出口与生产率实证研究文献的日益增多，TFP 的测算方法不断改进，企业生产率的测算也日益精确。虽然 TFP 指标本身在解释一些经济现象时存在一定的局限性（郑玉歆，2007），但相对于其他指标，其不失为一个较全面的生产率度量指标。

关于 TFP 的研究最早可追溯到 Solow（1956）的开创性贡献，他通过对宏观经济增长贡献的分解得到了所谓的“索洛余值”。本书重点阐述企业层面的生产率测算，并对不同测算方法的利弊进行对比，以便在具体实证研究中选择合适的测算方法。

1. 传统估计方法

通常人们用普通最小二乘法（Ordinary Least Square，OLS）对柯布—道格拉斯（C-D）生产函数来近似估计 TFP，但该估计方法会带来产业和可变投入之间引起的联立性偏误（Simultaneity Bias）和由无效企业退出导致的选择性偏误（Selection Bias），这两类偏误都会导致内生性问题，处理该问题的传统方法有工具变量（Instrument Variables）法和固定效应（Fixed Effects）法。

工具变量法的关键在于寻找合适的工具变量，该变量必须与解释变量高度相关，但又不能与残差项相关，且不能直接进入生产函数。由于在现实中很难找到合适的工具变量，故工具变量法的使用具有很大的局限性。另外，工具变量法只关注投入选择导致的内生性的处理，却忽视了无效企业退出导致的内生性问题，这将导致所选工具变量有效性的丧失。鉴于上述问题，Blundell 和 Bond（2000）给出了一个拓展的广义矩估计（Generalized Method of Moments，GMM），他们在水平方程中利用变量一阶差分的滞后项作为工具变量，并得出了较为合理的结果。

固定效应法虽简单明了，也能较好地解决两类偏误导致的内生性问题，但其假设过于严格（其假设不可观测的生产率因素是不随时间变化的），这在现实生活中很难满足。Griliches 和 Hausman（1986）指出，若投入数据存在测量误差，相比 OLS 估计结果，固定效应法估计的结果可能更差。鉴于以上问题，固定效应法并不能很好地处理内生性问题，现实中使用较少。

考虑到企业数据量巨大的特点，为简便起见，很多文献选择近似全要素生产率（Approximate Total Factor Productivity，ATFP）法，其依据是参数方法中“索罗余值法”的衍生，其优点是计算方便且集合了参数方法的优势，公式为 $ATFP=\ln(Q/L)-s\ln(K/L)$。其中，Q 为产出，K 为资本，L 为劳动，s 为生产函数中资本的贡献度。借鉴 Hall 和 Jones（1999），我们设定 $s=1/3$。

传统估计方法都未很好地解决内生性问题，所幸的是，新出现的一系列测算方法很好地解决了这一问题，下面从 OP 方法开始逐一简要评述各种方法。

2. OP 估计方法

OP 方法是由 Olley 和 Pakes（1996）提出的，他们通过引入一个半参数方法来控制联立性和选择性偏误，以期得出一致参数估计，进而估计出较准确的生产率水平。OP 方法假设企业当期利润是由一些变量组成的函数，这些变量是由企业自身的状态变量、要素价格变量和其他的企业状态变量组成。企业年龄、企业资本存量和企业生产率构成了企业特定状态变量。各企业间的要素价格是相同的且其变化符合外生的一阶马尔科夫过程（First Order Markov Process），另外，潜在的企业每期都面临着“退出”或“继续”参与市场的初始决定。OP 方法利用两阶段的估计方法来测算企业的生产率水平，第一阶段利用半参数方法估计可变投入的系数，第二阶段通过对生产率的动态假设估计出资本投入的系数。但是该方法仅利用了投资大于零的观测值，删失了部分样本，存在进一步改进的空间。此外，Yasar 等（2008）给出了 OP 方法的 Stata 命令及详解，给实际操作带来了极大的方便。

3. LP 估计方法

考虑到现实中有些国家，尤其是某些发展中国家的企业数据样本中存在大量的“零投资”观测值，如 Levinsohn 和 Petrin（2003）所用的智利企业样本中“零投资”观测值超过一半。因此，Levinsohn 和 Petrin 对 OP 方法进行了适当拓展和修正，较好地解决了“零投资”观测值问题。LP 方法中不可观测生产率冲击的代理变量为中间投入，与 OP 方法一样采用两阶段估计法来对要素系数进行一致参数估计。

LP 方法与 OP 方法相比，主要区别在于，前者利用中间投入作为不可观测生产率冲击的代理变量，而后者该代理变量却为投资，这样使得前者避免了由于删除大量的“零投资”观测值所带来的可能性偏误。另外，Petrin 等（2004）所创建的 Stata 命令使 LP 方法在实际中使用更方便、更广泛。

4. ACF 估计方法

Ackerberg 等（2006）关注 OP 方法和 LP 方法估计过程，认为这两种方法的第一阶段估计均可能存在显著的共线性问题，且 LP 方法较 OP 方法的问题可能更为严重。为解决该问题，Ackerberg 等提出了 ACF 方法。该方法一改 LP 方法和 OP 方法第一阶段只估计劳动投入的系数，而是在第二阶段同时估计劳动和资本的系数，这样从技术上很好地解决了潜在的共线性问题。

5. Wooldridge 估计方法

Wooldridge（2009）简述了 OP、LP 及 ACF 方法的基本原理，并综合上述经典文献提出了所谓的“单阶段估计”方法，即同时估计第一和第二两个阶段并得出要素系数的一致估计量。与前三种方法相比，Wooldridge 估计方法主要优点如下：可以利用标准的 GMM 方法计算出标准误差；估计结果有效性更为可信。但是该方法运算过程中必须求出一系列参数的非解析解，这使得其在实际操作中较其他方法更为复杂，因此该方法使用非常有限。

传统估计方法并不能很好地解决企业生产率估计时所产生的内生性问题，使用较为局限，但其可以作为多种方法使用时的一个参照或是稳健性检验，或是无须绝对精确测度 TFP 情况下的近似替代，如 OLS 方法、ATFP 方法。

OP 方法和 LP 方法因其在一定程度上缓解了内生性问题且给出了相应的 Stata 命令，其使用较为广泛，而由于 LP 方法很好地解决了 OP 方法因删除“零投资”观测值可能带来的偏误，其结果似乎比 OP 方法所得结果更可信。ACF 方法和 Wooldridge 方法虽然对 OP 方法和 LP 方法可能造成的共线性问题进行了改进，但由于它们增加了更多的技术细节，这使得它们的实际操作更复杂，数据样本也可能损失更多，因此，这两种方法在实际使用中非常有限。

分析以上各种方法的优缺点，本书主要采用 LP 方法来测算企业生产率，本书在第四章第二节实证部分采用 ATFP 法，原因在于此部分只选取了不连续的三个时点，LP 方法并不适用，另外，此部分只需 TFP 的近似计算，所以选择了计算简便的 ATFP 法。

二、生产率状况描述

一国经济增长主要取决于要素投入的多寡或技术进步，经济增长的可持续性在很大程度上取决于技术进步的贡献程度（范剑勇等，2013）。一国经济增长的微观主体是企业，企业的技术进步才是一国经济增长的根本。但企业的技术进步，即企业的生产率，存在异质性。已有文献还发现，中国制造业企业有一个显著特点——存在剧烈的进入退出现象。那么企业的动态变化是否淘汰了生产率低下的企业，而让生产率较高的企业进入市场，从而提高了整个行业的生产率水平？换句话说，进入、在位和退出企业的生产率是否存在差异？它们各自对行业生产率的影响又如何？这些问题在本书的第四章第二节得到了很好的回答。下面就从进入、退出的视角简单描述 1998~2007 年我国制造业企业的生产率状况，以期为后文的实证做铺垫。

首先我们定义进入、在位和退出企业，参照范剑勇等（2013）的做法定义，进入企业为在数据库中 t 年出现，但 $t-1$ 年并未出现的企业；在位企业为 t 年和 $t+1$ 年都出现在数据库中的企业；退出企业是在数据库中 t 年未出现，但 $t-1$ 年出现的企业。表 3.6 描述了 1998~2007 年制造业企业进入、在位与退出状况，从中我们可以发现，在位企业数量除 2000 年和 2003 年稍有下降外，其他年份都有所上升，直到 2006 年上升至 1998 年的 2.56 倍。进入企业数量在 2001 年后迅速增加，直至 2004 年迎来了一个爆发式的增长，全年共计 120900 家企业进入，约占该年企业总数的 49.4%，此后则保持在 20%左右。退出企业数量大部分年份保持在 3 万家以下，2003 年达到峰值 48294 家，约占该企业总数的 28.1%，此后逐年下降，企业数量占比到 2006 年降至 10.1%。图 3.6 给出了 1999~2006 年三类企业数量更直观的对比。

表 3.6　1998~2007 年制造业企业进入、在位与退出状况

年份	在位企业（家）	进入企业（家）	退出企业（家）	所有企业（家）	在位企业占比（%）	进入企业占比（%）	退出企业占比（%）
1998	94968	—	28579	123207	77.1	—	22.9
1999	103122	35797	27303	130425	79.1	27.4	20.9
2000	97567	31208	36763	134330	72.6	23.2	27.4
2001	119655	48028	25940	145595	82.2	33.0	17.8
2002	125357	35204	29502	154859	80.9	22.7	19.1
2003	123702	46639	48294	171996	71.9	27.1	28.1
2004	201008	120900	43594	244602	82.2	49.4	17.8
2005	215330	41350	27028	242358	88.8	17.1	11.2
2006	243289	55144	27185	270474	89.9	20.4	10.1
2007	—	61581	—	304870	—	20.2	—

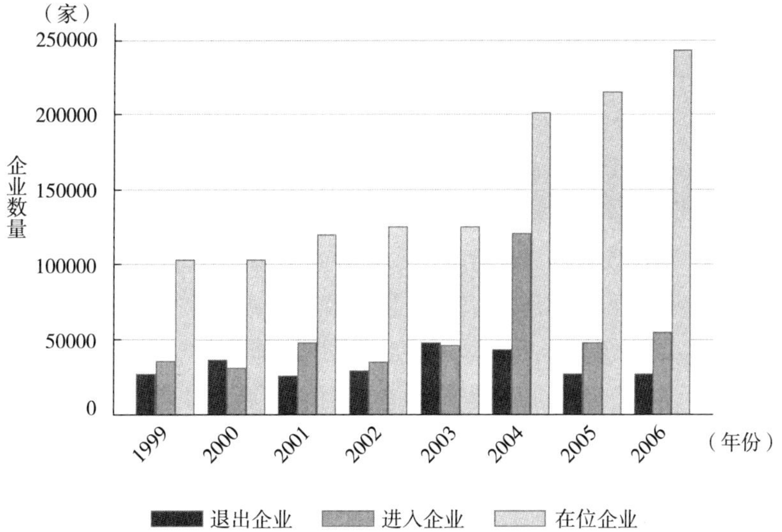

图 3.6　1999~2006 年不同类型企业数量对比

表 3.7、图 3.7 和图 3.8 都证实了无论是中位数还是均值，退出企业的生产率都显著低于进入企业，在位企业生产率在三类企业中最高。故企业的动态变化提高了所有企业的生产率均值或中位数。此外，十年间退出企业生产率的中位数或均值波动较大，但整体呈上升趋势，而进入企业和在位企业则较平稳并逐年上升，表明由于激烈的市场竞争，三类企业的生产率都得到了提升，尤其在退出企业中竞争更为激烈。

表 3.7　1998~2007 年进入、在位和退出企业的生产率演进

年份		1998	1999	2000	2001	2002	2003	2004	2005	2006	2007
进入企业	中位数	—	6.00	6.04	6.14	6.13	6.25	6.23	6.21	6.32	6.44
	均值	—	5.93	6.02	6.16	6.14	6.30	6.31	6.33	6.44	6.56
在位企业	中位数	6.24	6.30	6.39	6.41	6.50	6.62	6.54	6.73	6.85	—
	均值	6.21	6.29	6.39	6.44	6.55	6.70	6.63	6.82	6.95	—
退出企业	中位数	5.84	5.73	5.97	5.89	5.96	6.25	6.13	6.24	6.32	—
	均值	5.68	5.60	5.88	5.80	5.90	6.22	6.18	6.32	6.37	—
所有企业	中位数	6.15	6.20	6.28	6.33	6.41	6.53	6.46	6.68	6.80	6.96
	均值	6.09	6.14	6.25	6.33	6.25	6.56	6.55	6.76	6.89	7.04

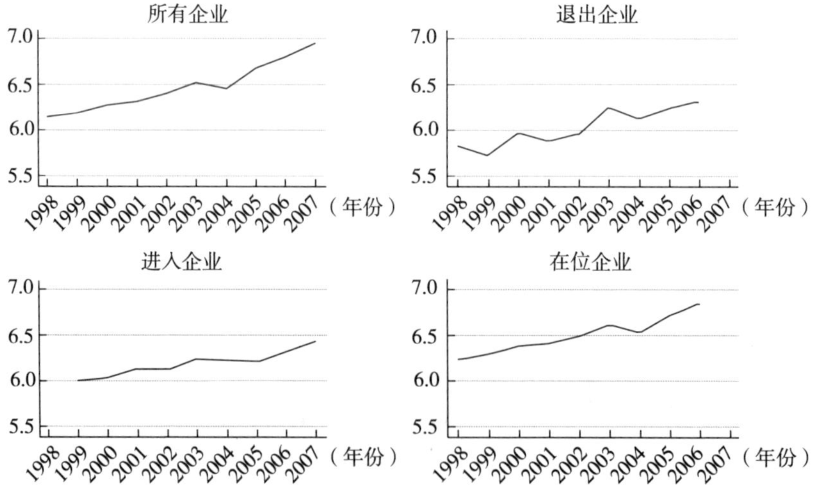

图 3.7　1998~2007 年不同类型企业生产率中位数对比

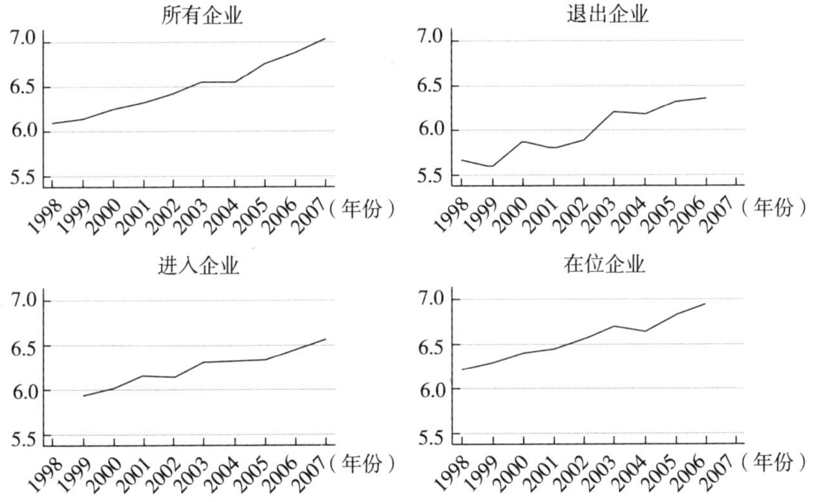

图 3.8 1998~2007 年不同类型企业生产率均值对比

表 3.8 和图 3.9 针对不同地区企业进入、在位和退出的状况进行了描述。东部地区作为经济最发达的地区，制造业聚集，三类企业数量都高于中西部地区。进入企业和在位企业数量大部分年份呈上升趋势，2004 年进入企业数量占比达到了一个峰值，东部地区为 49.8%，中部地区为 50.4%，西部地区为 42.4%，之后又迅速下降；2006 年东部地区为 19.9%，中部地区为 23.2%，西部地区为 18.9%。

表 3.8 1998~2007 年三大地区企业进入、在位和退出状况

单位：家

年份	东部地区			中部地区			西部地区		
	进入企业	在位企业	退出企业	进入企业	在位企业	退出企业	进入企业	在位企业	退出企业
1998	—	66820	17395	—	20627	7873	—	7181	3311
1999	22323	70209	18933	9046	23854	5819	4428	9059	2551
2000	23552	68597	25163	4749	19721	8882	2907	9249	2718
2001	36046	86659	17983	8885	22590	6017	3097	10406	1940
2002	25447	93454	18653	7367	22119	7838	2390	9784	3011
2003	34664	96522	31594	8763	18613	12269	3212	8567	4431
2004	95705	158034	34193	18879	31041	6450	6316	11933	2951

续表

年份	东部地区			中部地区			西部地区		
	进入企业	在位企业	退出企业	进入企业	在位企业	退出企业	进入企业	在位企业	退出企业
2005	30703	168757	19982	7370	33285	5123	3277	13288	1923
2006	41991	190620	20127	10049	38669	4666	3104	14000	2392
2007	45502	—	—	12075	—	—	4004	—	—

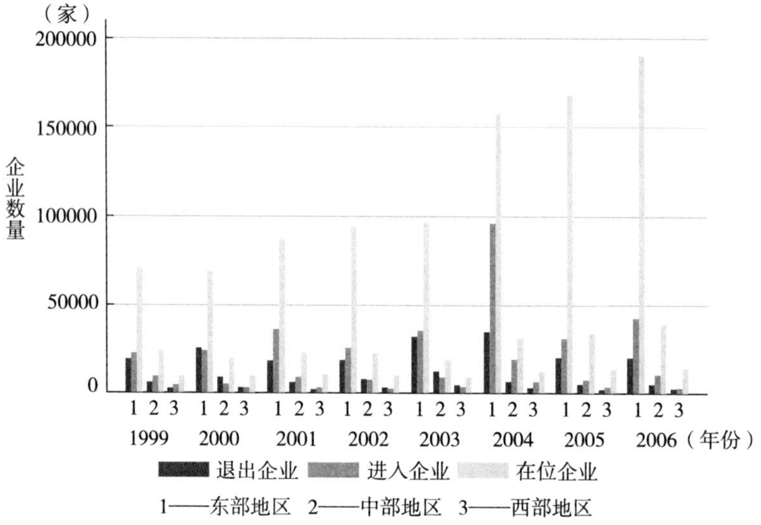

图 3.9 1999~2006 年三大地区不同类型企业数量对比

由表 3.9 和图 3.10 可知，三大地区三类企业生产率均值 1999~2006 年总体呈上升趋势，2003 年以前，东部地区三类企业的生产率均值都高于中、西部地区；2003 年后，中、西部企业生产率迅速提高，中、西部进入和在位企业生产率均值都显著高于东部地区，这可能与我国实行中部崛起和西部大开发的战略有关。随着年份的增加，各地区三类企业的生产率均值相互逼近，尤其是进入企业和退出企业，2003~2006 年东部和中部地区这两类企业几乎收敛至同一值。

表 3.9　1998~2007 年三大地区进入、在位及退出企业生产率均值

年份	东部地区			中部地区			西部地区		
	进入企业	在位企业	退出企业	进入企业	在位企业	退出企业	进入企业	在位企业	退出企业
1998	—	6.30	5.80	—	6.07	5.63	—	5.82	5.21
1999	6.08	6.41	5.74	5.78	6.10	5.43	5.53	5.88	4.96
2000	6.12	6.50	6.01	5.86	6.25	5.70	5.42	5.92	5.27
2001	6.23	6.53	5.89	6.05	6.33	5.67	5.65	5.96	5.37
2002	6.18	6.61	5.96	6.04	6.45	5.87	5.97	6.24	5.57
2003	6.33	6.72	6.29	6.29	6.65	6.29	5.99	6.56	5.44
2004	6.29	6.62	6.19	6.42	6.69	6.15	6.35	6.65	6.09
2005	6.31	6.79	6.30	6.39	6.95	6.47	6.36	6.82	6.19
2006	6.42	6.92	6.35	6.52	7.07	6.57	6.50	7.04	6.16
2007	6.50	—	—	6.74	—	—	6.76	—	—

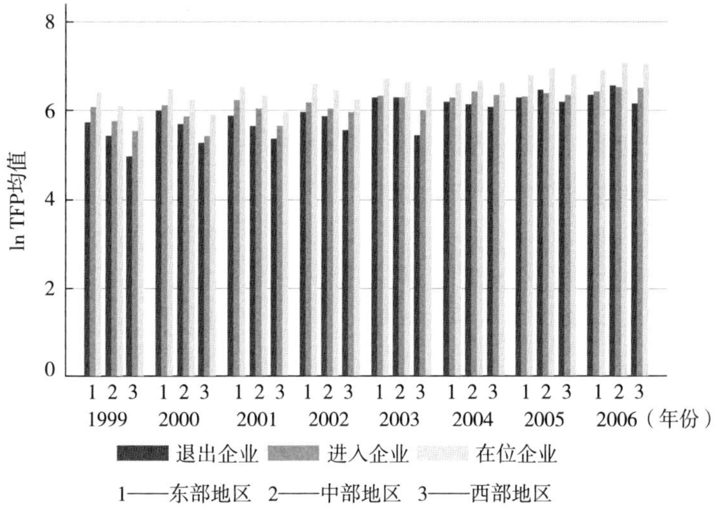

图 3.10　1999~2006 年三大地区不同类型企业生产率均值对比

第三节　产业集聚状况

一、产业集聚测算方法

产业集聚的测算方法多种多样，下面简要介绍几种主要测算方法。

1. 行业集中度

行业集中度（Concentration Ratio of Industry）是指某个行业的销售或就业人数规模较大的几个地区占整个行业的比重。计算简便是该方法的主要优点，其不足之处在于忽略了除规模较大的几个地区外其他地区规模分布情况，并不能较好地反映行业内部的真实差异。

2. 赫芬达尔—赫希曼指数

赫芬达尔—赫希曼指数（Herfindahl-Hirschman Index，HHI）是用某个地区内各个产业市场占有率的平方和来衡量。计算简便且能较准确地反映产业集中度是其优点，其不足之处在于没有考虑其他产业的空间分布情况，从而在不同产业间难以横向比较。其公式为：

$$HHI = \sum_{i=1}^{m} \left(\frac{Y_i}{Y} \right)^2 = \sum_{i=1}^{m} v_i^2 \qquad (3.1)$$

其中，Y 是指该地区的市场总规模，Y_i 是指产业 i 的市场规模，v_i 是指产业 i 的市场占有率，m 为该地区的产业总数。

3. 区位熵

区位熵（Quotient of Location）是运用就业人数、销售收入、工业产值或者固定资产等指标来衡量某一地区产业结构与全国平均水平之间的差距。其公式为：

$$Q = \frac{Y_i}{Y} \qquad (3.2)$$

其中，Q 表示某地区的专业化水平，Y_i 表示该地区某产业的就业人数（工业产值、销售收入或固定资产等），Y 表示该地区所有产业总就业人数

（总产值、总销售收入或总固定资产等）。

4. 区位基尼系数

区位基尼系数的经济含义与基尼系数相似，其数值越接近于1，表示产业在各地区间的分布越不均匀，即产业集中度越高。Wen（2004）将其公式简化如下：

$$Gini^n = \frac{1}{2(N-1)}\sum_{i=1}^{N}\sum_{j=1}^{N}|\lambda_i^n - \lambda_j^n| \tag{3.3}$$

其中，$Gini^n$ 表示 n 产业的区位基尼系数，λ_i^n 和 λ_j^n 分别表示地区 i 和地区 j 的 n 产业产值占所有产业总产值的比重。区位基尼系数的不足之处在于其忽略了企业规模对产业集聚的影响。

5. EG 指数

为了有效地克服企业规模及区域差异带来的影响，弥补上述指标不足之处，尤其是区位基尼系数的缺陷，使我们能进行跨产业、跨时间，甚至跨国的比较，同时也为了辨别产业地理集中是源于内部经济还是外部经济，Ellison 和 Glaeser（1997）基于企业区位模型，构建了 EG 指数。其公式为：

$$EG = \frac{G-(1-\sum_i x_i^2)H}{(1-\sum_i x_i^2)(1-H)} = \frac{\sum_{i=1}^{m}(s_i - x_i)^2 - (1-\sum_{i=1}^{m}x_i^2)\sum_{j=1}^{n}z_j^2}{(1-\sum_{i=1}^{m}x_i^2)(1-\sum_{j=1}^{n}z_j^2)} \tag{3.4}$$

其中，n 表示某经济体中某产业内的企业数，m 表示 n 个企业所分布的区域个数。G 表示总体地理集中指数，s_i 表示区域 i 某产业就业人数占该产业就业总人数的百分比，x_i 表示区域 i 就业总人数占该经济体就业总人数的百分比，H 为赫芬达尔—赫希曼指数（Herfindahl-Hirschman Index，HHI），其公式为 $H = \sum_{j=1}^{n} z_j^2$ ，若该指数为0，则表明该产业就业只集中在一家企业中，若该指数为1，则表明若干规模相似的企业存在于该产业中。

按照 Ellison 和 Glaeser（1997）的分类，如果某一产业内企业是随机分布的，那么 EG 指数为0；如果企业是分散的，则 EG 指数为负值；在 EG 指数大于0的情况下，一般认为低于0.02为低度集聚，介于0.02~0.05可认为是中度集聚，而超过0.05则表示高度集聚。

二、产业集聚状况描述

由表3.10可得，我国工业产值主要集中在东部地区，其产值占比高达75%以上，而中部地区产值占比仅在16%左右，西部地区产值占比更是小于8%。为了更详细地了解1998~2007年我国制造业的产业集聚状况，表3.11测算了1998~2007年制造业各行业的EG指数。为简便起见，我们使用行业代码来表示各行业，表3.11列出了30个制造业行业的代码及其名称。

表3.10　1998~2007年三大地区制造业工业产值状况

年份	东部地区产值总额（亿元）	中部地区产值总额（亿元）	西部地区产值总额（亿元）	所有地区产值总额（亿元）	东部地区产值占比（%）	中部地区产值占比（%）	西部地区产值占比（%）
1998	39080.9	8311.4	3594.9	50987.2	76.6	16.3	7.1
1999	38942.7	8857.1	3726.2	51526.0	75.6	17.2	7.2
2000	44654.6	9979.1	4175.2	58808.9	75.9	17.0	7.1
2001	53613.2	10936.1	4486.7	69036.0	77.7	15.8	6.5
2002	62850.3	12465.2	5291.3	80606.8	78.0	15.5	6.5
2003	83289.5	15259.1	6328.5	104811.1	79.4	14.5	6.1
2004	116326.8	20211.7	8461.7	145000.2	80.2	13.9	5.9
2005	145404.6	25991.3	10358.7	181754.6	80.0	14.3	5.7
2006	183696.8	32154.1	13045.4	228896.3	80.3	14.0	5.7
2007	233654.4	45543.8	17731.8	296930.0	78.7	15.3	6.0

表3.11　30个制造业行业代码及名称

行业代码	行业名称
13	农副食品加工业
14	食品制造业
15	饮料制造业
16	烟草制品业

续表

行业代码	行业名称
17	纺织业
18	纺织服装、鞋、帽制造业
19	皮革、毛皮、羽毛（绒）及其制品业
20	木材加工及木、竹、藤、棕、草制品业
21	家具制造业
22	造纸及纸制品业
23	印刷业和记录媒介的复制
24	文教体育用品制造业
25	石油加工、炼焦及核燃料加工业
26	化学原料及化学制品制造业
27	医药制造业
28	化学纤维制造业
29	橡胶制品业
30	塑料制品业
31	非金属矿物制品业
32	黑色金属冶炼及压延加工业
33	有色金属冶炼及压延加工业
34	金属制品业
35	普通机械制造业
36	专用设备制造业
37	交通运输设备制造业
39	电气机械及器材制造业
40	通信设备、计算机及其他电子设备制造业
41	仪器仪表及文化、办公用机械制造业
42	工艺品及其他制造业
43	废弃资源和废旧材料回收加工业

由表 3.12 可得，各行业的产业集聚度呈上升趋势，大部分行业在绝大部分年份都处于低度集聚，只有少数行业在某些年份处于中度集聚，其包括

2003~2007 年的废弃资源和废旧材料回收加工业（43），1999~2002 年的仪器仪表及文化、办公用机械制造业（41），2004~2007 年的通信设备、计算机及其他电子设备制造业（40），1999~2002 年的电气机械及器材制造业（39），1998~2007 年的文教体育用品制造业（24），1999~2007 年的皮革、毛皮、羽毛（绒）及其制造业（19），此外，木材加工及木、竹、藤、棕、草制品业（20）和化学纤维制造业（28）在 2007 年都处于中度集聚，只有电气机械及器材制造业（39）在 1998 年处于高度集聚，由此可得我国制造业大部分行业历年都处于低度集聚，以 2007 年为例，30 个制造业行业低度集聚的行业有 24 个，这与路江涌和陶志刚（2006）得出的结论一致，他们指出，我国制造业的行业集聚程度较以美国为代表的发达国家偏低。此外，每年制造业各行业 EG 指数的均值都较小，处于 0.1 左右，但呈逐年上升趋势，这同样表明我国制造业各行业的集聚程度偏低，但集聚度逐年提高。

表 3.12　1998~2007 年制造业各行业 EG 指数

行业代码	1998 年	1999 年	2000 年	2001 年	2002 年	2003 年	2004 年	2005 年	2006 年	2007 年
13	0.0053	0.0054	0.0063	0.0063	0.0082	0.0110	0.0149	0.0151	0.0160	0.0159
14	0.0013	0.0022	0.0026	0.0029	0.0033	0.0040	0.0060	0.0063	0.0072	0.0075
15	0.0042	0.0032	0.0035	0.0036	0.0037	0.0050	0.0073	0.0072	0.0080	0.0080
16	0.0018	0.0034	0.0034	0.0026	0.0029	0.0036	0.0057	0.0004	0.0013	0.0011
17	0.0038	0.0042	0.0042	0.0048	0.0054	0.0062	0.0084	0.0078	0.0081	0.0088
18	0.0078	0.0090	0.0090	0.0078	0.0076	0.0083	0.0063	0.0058	0.0057	0.0059
19	0.0158	0.0222	0.0232	0.0248	0.0277	0.0262	0.0327	0.0313	0.0321	0.0338
20	0.0068	0.0056	0.0070	0.0080	0.0098	0.0116	0.0148	0.0163	0.0190	0.0201
21	0.0035	0.0055	0.0055	0.0059	0.0058	0.0105	0.0120	0.0125	0.0150	0.0113
22	0.0023	0.0024	0.0025	0.0033	0.0036	0.0038	0.0030	0.0032	0.0027	0.0027
23	0.0039	0.0035	0.0013	0.0054	0.0059	0.0072	0.0070	0.0071	0.0063	0.0061
24	0.0380	0.0429	0.0417	0.0361	0.0343	0.0333	0.0289	0.0306	0.0281	0.0221
25	0.0010	0.0019	0.0175	0.0104	0.0110	0.0151	0.0146	0.0165	0.0189	0.0174
26	0.0010	0.0011	0.0017	0.0020	0.0022	0.0034	0.0052	0.0057	0.0062	0.0060
27	0.0022	0.0026	0.0031	0.0045	0.0053	0.0063	0.0076	0.0092	0.0093	0.0096

续表

行业代码	1998 年	1999 年	2000 年	2001 年	2002 年	2003 年	2004 年	2005 年	2006 年	2007 年
28	-0. 0009	0. 0028	0. 0035	0. 0048	0. 0070	0. 0127	0. 0162	0. 0168	0. 0177	0. 0205
29	0. 0047	0. 0049	0. 0051	0. 0054	0. 0088	0. 0076	0. 0056	0. 0065	0. 0057	0. 0047
30	0. 0051	0. 0084	0. 0076	0. 0073	0. 0071	0. 0061	0. 0067	0. 0067	0. 0056	0. 0068
31	0. 0035	0. 0030	0. 0037	0. 0040	0. 0046	0. 0059	0. 0081	0. 0088	0. 0093	0. 0095
32	0. 0033	0. 0036	0. 0035	0. 0029	0. 0048	0. 0080	0. 0127	0. 0132	0. 0145	0. 0138
33	0. 0042	0. 0046	0. 0046	0. 0055	0. 0060	0. 0066	0. 0080	0. 0088	0. 0090	0. 0095
34	0. 0027	0. 0026	0. 0027	0. 0026	0. 0029	0. 0039	0. 0034	0. 0038	0. 0039	0. 0042
35	0. 0018	0. 0022	0. 0027	0. 0033	0. 0037	0. 0043	0. 0055	0. 0058	0. 0059	0. 0059
36	0. 0017	0. 0025	0. 0028	0. 0030	0. 0031	0. 0038	0. 0026	0. 0029	0. 0027	0. 0023
37	0. 0060	0. 0071	0. 0073	0. 0082	0. 0085	0. 0091	0. 0104	0. 0110	0. 0114	0. 0117
39	0. 0598	0. 0478	0. 0321	0. 0267	0. 0315	0. 0076	0. 0092	0. 0102	0. 0106	0. 0101
40	0. 0029	0. 0028	0. 0038	0. 0044	0. 0051	0. 0350	0. 0443	0. 0456	0. 0482	0. 0500
41	0. 0157	0. 0204	0. 0266	0. 0279	0. 0271	0. 0128	0. 0150	0. 0155	0. 0134	0. 0126
42	0. 0090	0. 0084	0. 0091	0. 0093	0. 0083	0. 0196	0. 0157	0. 0156	0. 0158	0. 0160
43	0. 0072	0. 0101	0. 0135	0. 0151	0. 0152	0. 0415	0. 0327	0. 0294	0. 0303	0. 0317
均值	0. 0075	0. 0082	0. 0087	0. 0086	0. 0093	0. 0113	0. 0123	0. 0125	0. 0129	0. 0129
中位数	0. 0039	0. 0039	0. 0044	0. 0054	0. 0060	0. 0076	0. 0083	0. 0090	0. 0093	0. 0096

表 3. 13 和表 3. 14 分别描述了不同地区和不同类型制造业的 EG 指数①。由表 3. 13 可得，各地区的 EG 指数在 1998~2007 年呈上升趋势，东部地区的集聚程度显著高于中西部地区，西部地区产业集聚度最低。各大地区各年份的 EG 指数均在 0. 2 以下，处于低度集聚，更直观的描述可见图 3. 11。由表 3. 14 可得，劳动密集型制造业的 EG 指数自 1999 年后一直低于资本密集型制造业，其原因可能是，与劳动密集型制造业相比，资本密集型制造业一般规模较大，资金需求量较多，中间投入品较多，需要配套的上下游企业较多，故其产业集聚程度较高。更直观的描述见图 3. 12。

① 该 EG 指数为某地区或某制造业类型中所有行业 EG 指数的算术平均。

表 3.13 1998~2007 年三大地区制造业 EG 指数

年份	1998	1999	2000	2001	2002	2003	2004	2005	2006	2007
东部地区	0.0059	0.0068	0.0077	0.0079	0.0085	0.0103	0.0118	0.0122	0.0127	0.0127
中部地区	0.0057	0.0064	0.0072	0.0074	0.0081	0.0095	0.0110	0.0114	0.0118	0.0120
西部地区	0.0051	0.0056	0.0061	0.0063	0.0070	0.0082	0.0099	0.0103	0.0108	0.0110

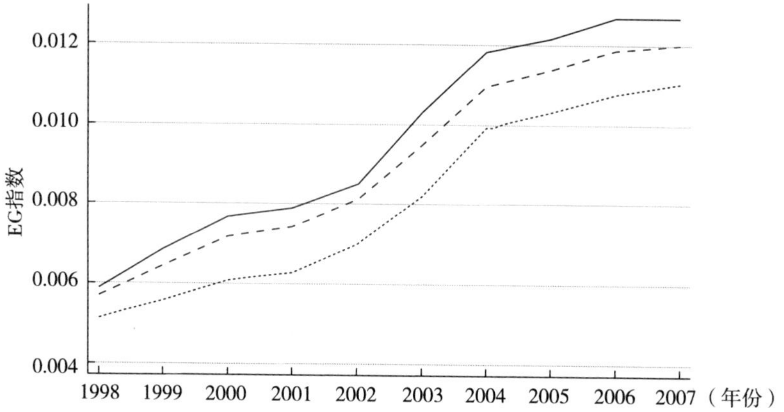

图 3.11 1998~2007 年三大地区制造业 EG 指数对比

表 3.14 1998~2007 年不同类型制造业 EG 指数

年份	1998	1999	2000	2001	2002	2003	2004	2005	2006	2007
劳动密集型制造业	0.0060	0.0067	0.0068	0.0071	0.0078	0.0088	0.0102	0.0105	0.0109	0.0108
资本密集型制造业	0.0052	0.0061	0.0079	0.0080	0.0084	0.0110	0.0127	0.0132	0.0139	0.0142

由表 3.15 可得，与各行业 EG 指数相对应，EG 指数高的一些行业的四省市集中度也高，大部分年份均保持在 60% 以上，如皮革、毛皮、羽毛（绒）及其制品业（19），木材加工及木、竹、藤、棕、草制品业（20），家具制造业（21），文教体育用品制造业（24），化学纤维制造业（28），电气机械及器材制造业（39），通信设备、计算机及其他电子设备制造业（40），仪器仪

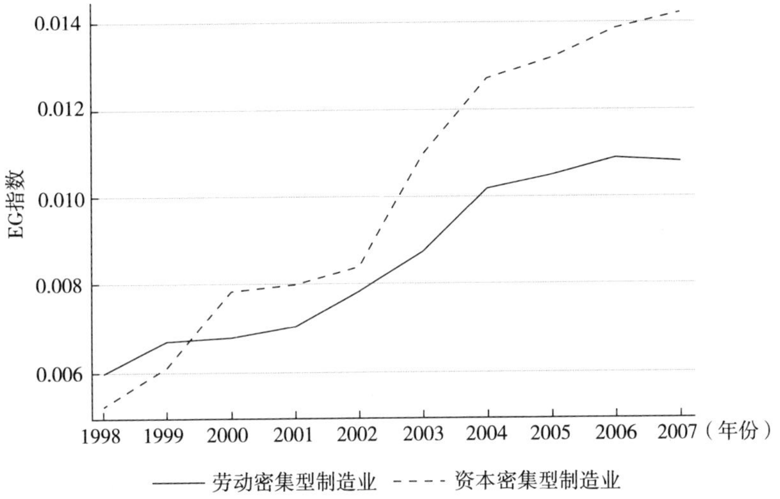

图 3.12　1998~2007 年不同类型制造业 EG 指数对比

表及文化、办公用机械制造业（41），工艺品及其他制造业（42），废弃资源和废旧材料回收加工业（43）。但也有例外，如石油加工、炼焦及核燃料加工业（25），黑色金属冶炼及压延加工业（32）和交通运输设备制造业（37），虽 EG 指数较高，但四省市集中度大部分年份却在 50%以下，而纺织业（17），纺织服装、鞋、帽制造业（18），造纸及纸制品业（22），塑料制品业（30），金属制品业（34），虽 EG 指数较低，但四省市集中度在大部分年份都处于 60%以上，这可能与指标的测算有关，行业集中度并未考虑行业中企业集中程度的变化，故其与 EG 指数有差异。但从总体来看，两者还是大体一致的，这从一个侧面更加验证了本书有关产业集聚状况描述的可靠性。图 3.13 直观地给出了制造业各行业的四省市集中度均值对比图，由图 3.13 可知，饮料制造业（15）、医药制造业（27）、有色金属冶炼及压延加工业（33）和交通运输设备制造业（37）等 1998~2007 年的四省市集中度均值较低，处于 45%左右，而文教体育用品制造业（24）四省市集中度均值最高，其值接近 90%，纺织服装、鞋、帽制造业（18），化学纤维制造业（28）和通信设备、计算机及其他电子设备制造业（40）的四省市集中度均值也接近 80%，其他行业的四省市集中度均值都在 50%以上。

表 3.15 1998~2007 年制造业各行业四省市集中度 单位：%

行业代码	1998 年	1999 年	2000 年	2001 年	2002 年	2003 年	2004 年	2005 年	2006 年	2007 年
13	50.8	52.8	55.8	56.4	57.6	56.6	56.0	56.0	55.2	54.6
14	47.5	50.8	53.4	51.1	50.2	46.8	45.2	47.6	48.7	50.3
15	44.8	45.5	47.3	46.8	47.6	47.7	46.2	46.8	45.0	42.8
16	54.1	53.7	54.0	50.3	48.5	48.8	49.0	49.6	55.3	51.5
17	66.8	70.1	70.9	72.9	75.4	76.2	78.8	78.4	78.6	77.5
18	73.9	76.4	78.2	77.8	78.2	78.8	78.5	78.6	78.3	77.0
19	72.3	75.9	76.7	77.3	78.2	76.9	72.9	71.7	71.4	69.1
20	60.4	55.9	57.0	60.6	62.1	61.8	64.0	63.3	62.8	61.5
21	59.3	59.3	62.3	63.7	64.1	67.8	70.8	70.6	67.9	69.2
22	55.7	59.3	62.0	62.9	64.8	67.3	68.6	67.4	67.2	66.2
23	49.0	49.7	53.8	51.3	54.4	59.6	60.8	60.5	59.4	58.6
24	83.3	87.4	88.1	87.4	87.6	88.5	90.0	90.4	90.2	89.6
25	46.4	49.2	53.3	50.6	48.1	49.4	48.3	47.2	52.9	47.5
26	48.4	50.7	53.3	54.0	57.3	58.5	59.9	61.9	63.2	62.0
27	39.7	40.3	41.2	42.4	42.5	43.7	45.4	46.2	47.5	46.1
28	69.6	73.3	73.8	77.2	77.2	83.1	82.9	83.7	84.5	84.5
29	56.0	59.1	60.1	62.9	66.9	67.7	67.6	68.4	67.6	66.6
30	69.8	74.5	74.7	72.6	74.1	74.7	75.1	74.3	73.7	73.2
31	50.2	51.1	52.4	51.8	51.9	52.8	53.8	55.3	55.2	55.0
32	49.4	43.8	47.1	44.8	48.0	50.6	53.2	55.0	55.3	53.6
33	41.0	40.0	39.2	41.7	42.1	43.7	45.9	45.6	45.1	45.7
34	63.3	66.4	68.2	68.8	71.0	73.0	72.1	71.6	71.7	71.4
35	58.7	61.2	63.6	64.9	65.5	66.7	65.7	64.3	65.3	64.4
36	54.1	59.0	63.2	61.3	61.2	55.9	55.6	54.1	53.3	51.8
37	49.5	45.4	45.5	44.3	44.2	42.2	42.2	44.2	44.4	45.6
39	76.4	76.3	68.9	59.9	59.8	75.8	76.3	76.1	75.3	74.0
40	64.6	71.2	73.4	74.0	76.1	80.1	82.6	83.1	81.7	80.5
41	71.6	74.1	75.0	78.6	77.4	79.0	77.8	77.4	76.3	75.8
42	75.9	75.1	78.9	74.7	73.4	73.7	71.9	74.3	73.2	72.7
43	66.3	70.0	70.9	70.7	72.7	85.9	81.9	78.6	78.2	77.7

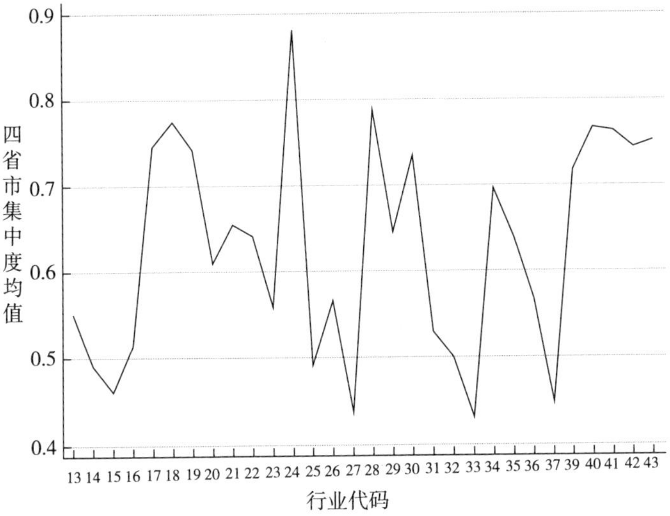

图 3.13　制造业各行业四省市集中度均值对比

表 3.16 统计了 1998~2007 年 30 个制造业行业四省市集中度上榜的省市名称、频数及主要集聚产业。由此我们发现，江苏省、广东省、山东省和浙江省的集中度上榜次数遥遥领先，这表明这四个省是我国制造业的主要聚集地，其次为河南省、辽宁省、北京市和河北省四省市，其集中度上榜次数均高于 20 次，其他省市集中度上榜次数较少，其中 7 个省市在 10 次以下，29 个省市（除吉林省、甘肃省和港澳台地区外）中只有 20 个省市上榜。此结果与我国经济发展的区域分布有关，江苏省、广东省、山东省和浙江省四省历来为我国经济发达地区，其集中度上榜频繁，而紧随其后的河南省、辽宁省、北京市和河北省四省市的 GDP 每年也排在全国前列，故其集中度上榜次数较多，集中度未上榜的 9 个省市大多处于经济较落后的西部地区。

表 3.16　1998~2007 年 30 个制造业行业地域分布排行榜

省市	上榜次数	主要集聚产业
江苏	271	化学纤维、纺织业、普通机械、电子通信
广东	261	文体用品、工艺品、仪器仪表、电子通信
山东	235	农副食品加工、橡胶制品、造纸及纸制品、非金属矿物
浙江	217	化学纤维、回收加工、皮毛及其制品以及纺织服装、鞋、帽制造
河南	43	非金属矿物、有色金属、农副食品加工、食品制造

续表

省市	上榜次数	主要集聚产业
辽宁	30	石油化工、黑色金属、有色金属、普通机械
北京	23	仪器仪表、电子通信、印刷业、石油化工
河北	23	黑色金属、医药制造、食品制造
上海	17	木材加工、交通运输、化学纤维、黑色金属
湖北	13	交通运输、烟草制品、黑色金属
黑龙江	12	电气机械、石油化工
湖南	11	烟草制品、回收加工
云南	11	烟草制品、回收加工
天津	8	电子通信、仪器仪表
山西	5	电气机械
内蒙古	5	电气机械
重庆	5	电气机械
福建	4	皮毛及其制品
贵州	4	烟草制品
四川	2	饮料制造、仪器仪表

第四节　集聚、出口与生产率

以上分析了我国制造业企业出口状况、产业集聚状况和企业生产率状况，下面针对制造业企业层面的集聚、出口与生产率两两之间关系及三者之间关系进行简单的描述性分析，以期为后文相关的实证研究做铺垫。

一、出口与生产率

表 3. 17 和图 3. 14 直观地表现了 1998~2007 年每年出口企业的生产率都高于非出口企业，这与经典的企业异质性贸易理论的结论一致，即只有生产率高的企业才选择出口。

表 3.17　1998~2007 年非出口企业与出口企业生产率差异

年份	1998	1999	2000	2001	2002	2003	2004	2005	2006	2007
非出口企业	5.93	5.98	6.09	6.18	6.29	6.44	6.45	6.66	6.79	6.98
出口企业	6.58	6.63	6.71	6.72	6.78	6.86	6.78	7.00	7.13	7.23

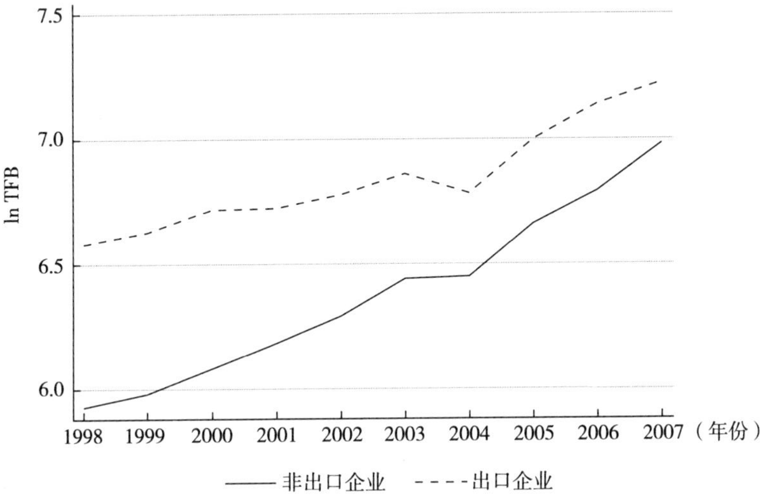

图 3.14　1998~2007 年非出口企业与出口企业生产率对比

下面我们借鉴 Greenaway 和 Yu（2004）的方法，以 2002 年为起点，根据企业出口经验，选取部分企业样本组成平衡面板数据，来描述性分析出口经验与企业生产率的关系，对所选取的企业具体描述如表 3.18 所示。

表 3.18　在 t 年根据出口经验对不同类型企业的描述

企业类型	$t-4$ 年及以前的出口状态	$t-3$ 年的出口状态	$t-2$ 年的出口状态	t 和 $t-1$ 年的出口状态
已出口一年的企业	0	0	0	1
已出口两年的企业	0	0	1	1
至少已出口 3 年的企业	0 或 1	1	1	1
一直出口企业	1	1	1	1
一直不出口企业	0	0	0	0

注：出口状态为 1 表示出口，0 表示不出口。

由图 3. 15 可知，从 2002 年起，具有一定出口经验的企业每年生产率都显著高于不出口企业，2004 年已出口一年的企业生产率最高，2005 年已出口两年的企业生产率最高，这两类企业的生产率水平在 2002~2007 年都较高，但波动较大，一直出口的企业和至少已出口 3 年的企业生产率在 2002~2007 年稳中有升，这表明具有一定出口经验的企业，特别是出口一年或两年的企业，其出口学习效应可能为正。由于并未控制其他因素对企业生产率的影响，此结果可能并不准确，后文就此给出了更精确的实证分析。

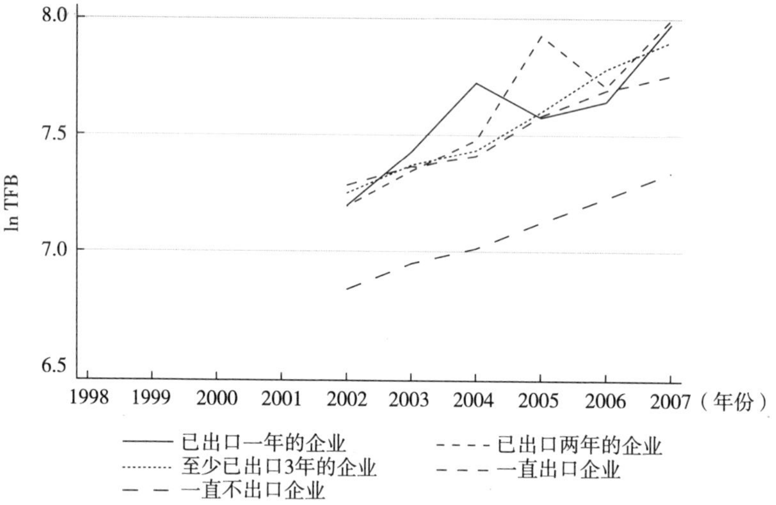

图 3. 15　1998~2007 年不同出口经验企业生产率对比

二、集聚与出口

针对集聚与出口的关系，表 3. 19 给出了部分年份 30 个制造业行业非出口和出口 EG 指数，大部分行业出口 EG 指数显著大于非出口 EG 指数，且两指数随着年份的增加而提高，这表明大部分行业的集聚度逐年提高，且出口后企业的集聚度显著提高，即出口对产业集聚有促进作用。由图 3. 16 和图 3. 17 也可得，1998~2007 年每年出口 EG 指数的均值和中位数都显著大于非出口 EG 指数的相应值。

表 3.19　部分年份制造业各行业非出口 EG 指数和出口 EG 指数

行业代码	1998 年		2000 年		2002 年		2004 年		2007 年	
	非出口 EG 指数	出口 EG 指数	非出口 EG 指数	出口 EG 指数	非出口 EG 指数	出口 EG 指数	非出口 EG 指数	出口 EG 指数	非出口 EG 指数	出口 EG 指数
13	0.0036	0.0199	0.0030	0.0255	0.0048	0.0190	0.0065	0.0370	0.0065	0.0423
14	0.0009	0.0033	0.0014	0.0065	0.0024	0.0044	0.0042	0.0089	0.0046	0.0139
15	0.0027	0.0017	0.0026	0.0040	0.0026	0.0070	0.0038	0.0179	0.0034	0.0196
16	0.0020	-0.0061	0.0020	-0.0068	0.0019	-0.0037	0.0075	0.0032	-0.0017	0.0073
17	0.0044	0.0050	0.0041	0.0060	0.0065	0.0073	0.0089	0.0114	0.0073	0.0150
18	0.0082	0.0059	0.0130	0.0068	0.0158	0.0051	0.0135	0.0058	0.0084	0.0071
19	0.0071	0.0177	0.0174	0.0210	0.0447	0.0228	0.0457	0.0281	0.0619	0.0289
20	0.0084	0.0024	0.0084	0.0024	0.0127	0.0148	0.0140	0.0199	0.0192	0.0252
21	0.0046	0.0065	0.0040	0.0107	0.0040	0.0095	0.0117	0.0134	0.0153	0.0130
22	0.0013	0.0047	0.0022	0.0032	0.0039	0.0028	0.0032	0.0060	0.0031	0.0050
23	0.0049	0.0456	0.0012	0.0520	0.0057	0.0663	0.0090	0.0309	0.0081	0.0241
24	0.0101	0.0358	0.0145	0.0398	0.0117	0.0309	0.0110	0.0235	0.0127	0.0191
25	0.0089	-0.0118	0.0097	0.0170	0.0145	0.0054	0.0161	0.0075	0.0131	0.0046
26	0.0075	0.0015	0.0008	0.0037	0.0009	0.0046	0.0017	0.0115	0.0026	0.0119
27	0.0017	0.0046	0.0030	0.0049	0.0036	0.0062	0.0042	0.0179	0.0046	0.0233
28	0.0081	-0.0102	0.0101	0.0005	0.0158	0.0033	0.0260	0.0078	0.0276	0.0228
29	0.0029	0.0050	0.0042	0.0066	0.0039	0.0176	0.0065	0.0058	0.0088	0.0045
30	0.0030	0.0135	0.0035	0.0209	0.0036	0.0199	0.0037	0.0144	0.0031	0.0157
31	0.0023	0.0051	0.0022	0.0084	0.0023	0.0154	0.0038	0.0213	0.0042	0.0238
32	0.0060	-0.0039	0.0047	-0.0012	0.0016	0.0048	0.0120	0.0158	0.0117	0.0182
33	0.0050	0.0060	0.0025	0.0073	0.0035	0.0101	0.0039	0.0142	0.0053	0.0148
34	0.0041	0.0032	0.0027	0.0043	0.0026	0.0051	0.0033	0.0057	0.0050	0.0058
35	0.0015	0.0031	0.0014	0.0056	0.0022	0.0075	0.0026	0.0113	0.0031	0.0118
36	0.0009	0.0044	0.0017	0.0058	0.0016	0.0049	0.0016	0.0051	0.0017	0.0046
37	0.0045	0.0073	0.0062	0.0074	0.0080	0.0093	0.0090	0.0128	0.0112	0.0148
39	0.0351	0.0880	0.0035	0.0453	0.0360	0.0361	0.0041	0.0132	0.0049	0.0131
40	0.0032	0.0029	0.0031	0.0053	0.0028	0.0084	0.0205	0.0415	0.0327	0.0421
41	0.0078	0.0209	0.0068	0.0321	0.0138	0.0295	0.0086	0.0189	0.0060	0.0166
42	0.0085	0.0108	0.0089	0.0073	0.0074	0.0098	0.0072	0.0188	0.0127	0.0222
43	0.0158	0.0088	0.0212	0.0139	0.0094	0.0166	0.0349	-0.0472	0.0333	0.0019

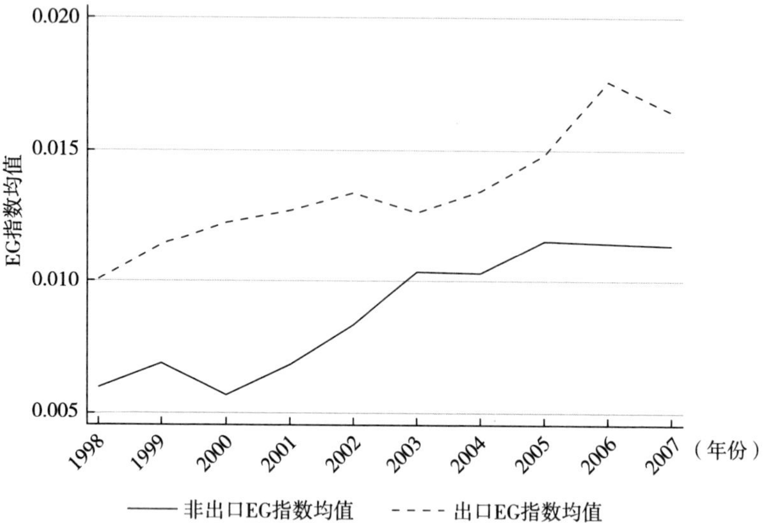

图 3.16　1998~2007 年制造业各行业非出口 EG 指数均值与出口 EG 指数均值

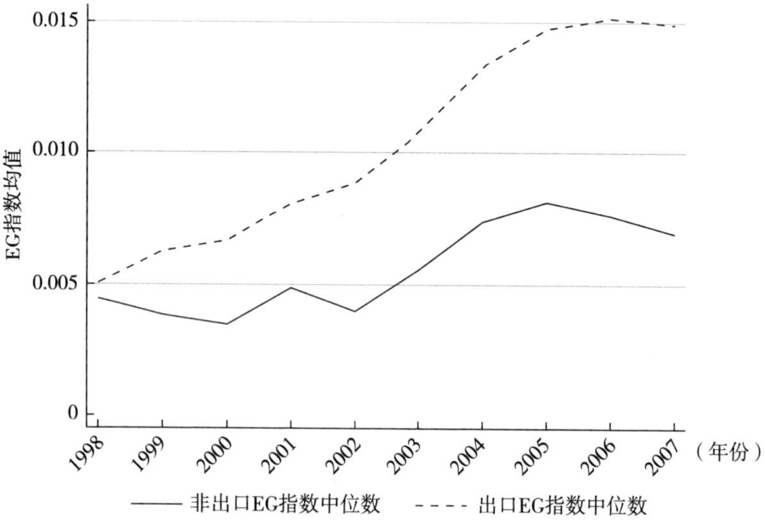

图 3.17　1998~2007 年制造业各行业非出口 EG 指数中位数与出口 EG 指数中位数

表 3.20 和表 3.21 分别按地区和制造业类型测算了部分年份制造业的非出口和出口 EG 指数，结果表明，无论是非出口 EG 指数，还是出口 EG 指数，在 1998 年、2000 年、2002 年三年中，东部地区最高，西部地区最低。而在 2004 年和 2007 年，中西部出口 EG 指数迅速提高，2007 年西部地区该指数最

高，东部地区该指数最低，这可能与我国产业结构升级及西部地区边境贸易发展有关。但无论哪个地区，所示年份每年的制造业出口 EG 指数均远高于非出口 EG 指数。此外，无论属于何种制造业类型，所示年份的非出口 EG 指数均小于出口 EG 指数。绝大部分年份劳动密集型制造业的出口 EG 指数均大于资本密集型制造业的该指数，但前者的非出口 EG 指数却小于后者，这表明相对于资本密集型制造业，出口对劳动密集型制造业集聚程度的正面影响更大。图 3.18 和图 3.19 给出了更直观的描述。

表 3.20　部分年份三大地区制造业非出口 EG 指数和出口 EG 指数

地区	1998 年		2000 年		2002 年		2004 年		2007 年	
	非出口 EG 指数	出口 EG 指数	非出口 EG 指数	出口 EG 指数	非出口 EG 指数	出口 EG 指数	非出口 EG 指数	出口 EG 指数	非出口 EG 指数	出口 EG 指数
东部地区	0.0048	0.0084	0.0054	0.0111	0.0071	0.0122	0.0093	0.0157	0.0111	0.0174
中部地区	0.0047	0.0077	0.0050	0.0096	0.0067	0.0114	0.0085	0.0159	0.0101	0.0178
西部地区	0.0044	0.0067	0.0043	0.0083	0.0056	0.0103	0.0077	0.0156	0.0086	0.0180

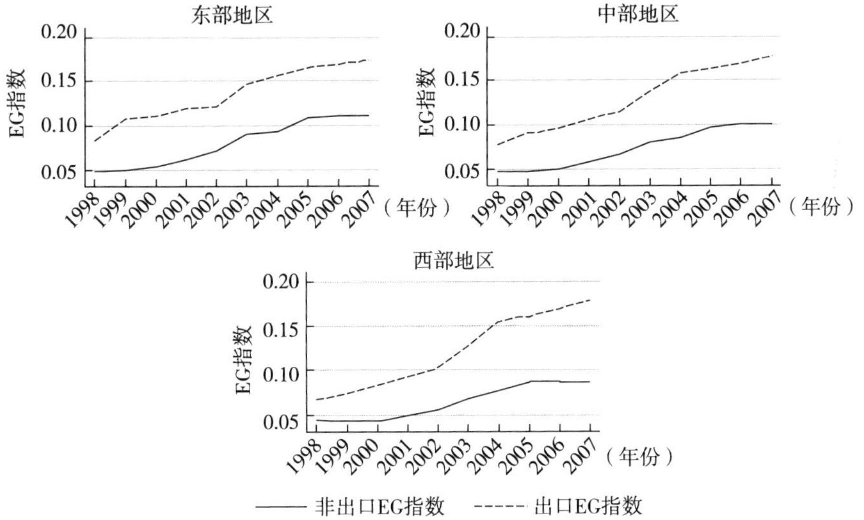

图 3.18　1998~2007 年三大地区制造业非出口 EG 指数和出口 EG 指数对比

表 3.21　部分年份不同类型制造业非出口 EG 指数和出口 EG 指数

制造业类型	1998 年		2000 年		2002 年		2004 年		2007 年	
	非出口 EG 指数	出口 EG 指数	非出口 EG 指数	出口 EG 指数	非出口 EG 指数	出口 EG 指数	非出口 EG 指数	出口 EG 指数	非出口 EG 指数	出口 EG 指数
劳动密集型制造业	0.0044	0.0090	0.0047	0.0115	0.0068	0.0131	0.0087	0.0163	0.0101	0.0180
资本密集型制造业	0.0052	0.0067	0.0056	0.0090	0.0065	0.0100	0.0089	0.0149	0.0105	0.0169

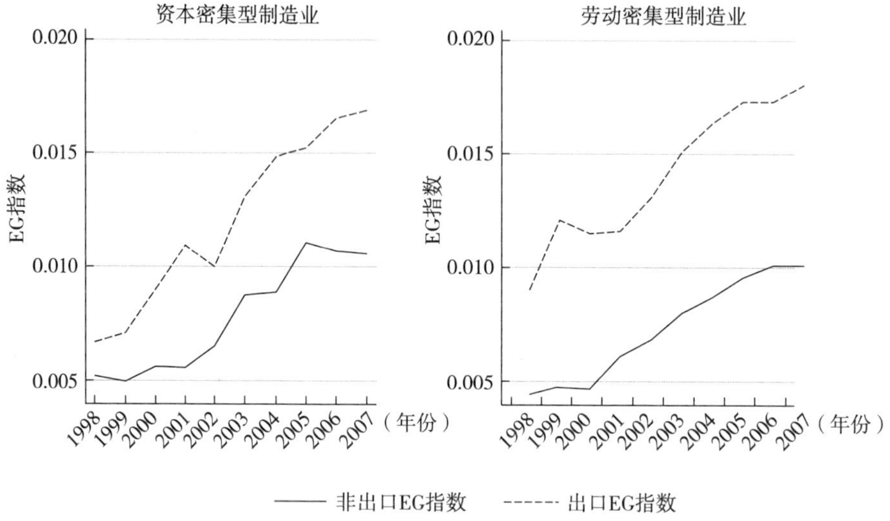

图 3.19　1998~2007 年不同类型制造业非出口 EG 指数和出口 EG 指数对比

综上可得，出口对产业集聚有显著的促进作用，那么产业集聚对出口的影响如何呢？根据产业集聚理论，产业集聚的结果是形成集聚经济，集聚经济是一种外部经济，它是指企业生产经营活动在空间上集聚所带来的经济效益和成本节约，从广义上讲，它可以是产业集聚对地区经济增长、地区生产率、企业出口、企业生产率或企业创新活动等的影响，但大多文献中集聚经济是指产业集聚对生产率的影响。本书借鉴薄文广（2007）的方法构造了两类集聚指数（专业化指数和多样化指数）来刻画集聚经济。i 省市 j 行业的专业化指数公式为：$SP_{jit}=\frac{E_{jit}/E_{it}}{E_{jt}/E_{t}}$；多样化指数的公式为：$DV_{jit}=1/\sum_{k\neq j}[E_{ik}/(E_{it}-E_{jit})]^{2}$。其中，$i$ 表示省市（除吉林省、甘肃省和港澳台地区外的 29 个省市），j 表示制造业各行业，E_{jit} 表示 j 行业在 i 省市第 t 年的就业量，E_{jt} 表示 j 行业在第 t 年全国的就业量，E_{it} 表示 i 省市在第 t 年的就业量，E_{t} 表示第 t 年全国的总就业量。

由图 3.20 可得，2007 年制造业各行业、各省市出口企业数量各不相同，标准差也大小不一，其中纺织业（17）的各省市出口企业数量标准差最高。为探求出口与集聚间的关系，图 3.21 以纺织业为例描述了 2007 年该行业集聚指数与出口企业数的关系，结果发现，出口企业数大致与两指数呈正相关关系，但并不显著，且该行业的多样化指数波动显著大于专业化指数。

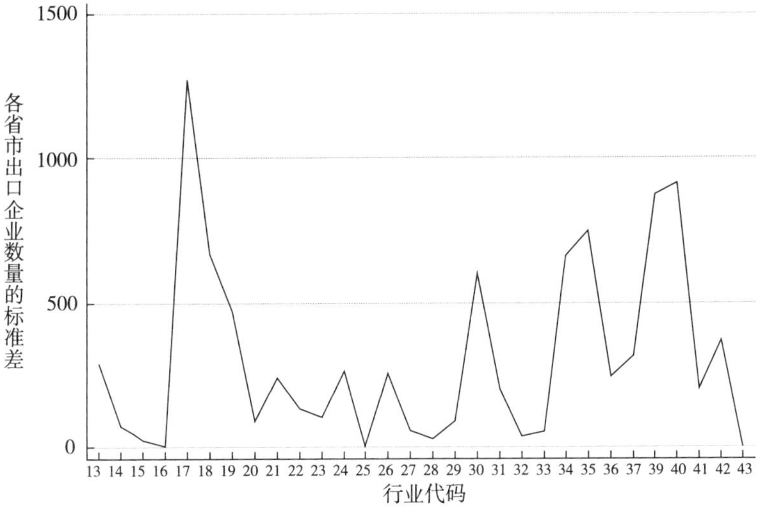

图 3.20　2007 年制造业各行业各省市出口企业数量的标准差对比

三、集聚与生产率

图 3.22 给出了 2007 年 30 个制造业行业各省市生产率标准差的对比图，由图 3.22 可得，大部分行业各省市生产率标准差介于 0.2~0.4，而烟草制造业（16）的值却接近 1。这些生产率的差异与各省市的产业集聚状况有关吗？

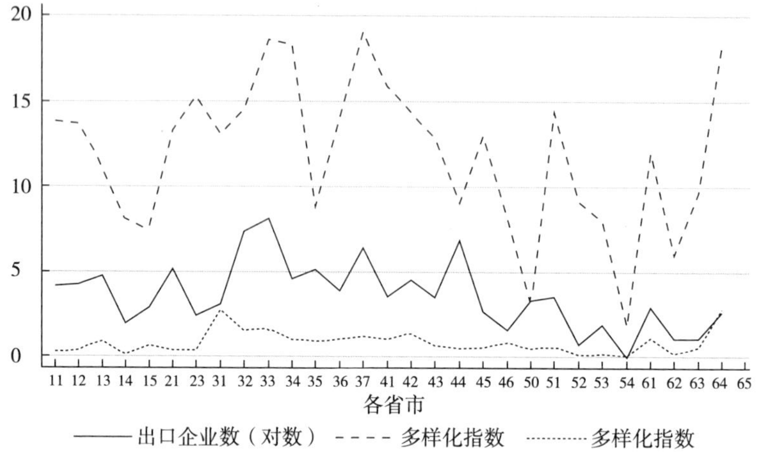

图 3.21　2007 年各省市纺织业集聚指数与出口企业数对比

为此我们以烟草制造业（16）为例描述性地分析了该行业 2007 年的集聚指数与生产率的关系（见图 3.23），结果发现，2007 年各省市烟草制造业（16）的专业化指数大致与各省市企业生产率均值呈正相关，但多样化指数却与该生产率均值大致呈负相关，这与传统的实证结论有所偏差，故后文就此做了更准确的实证研究。

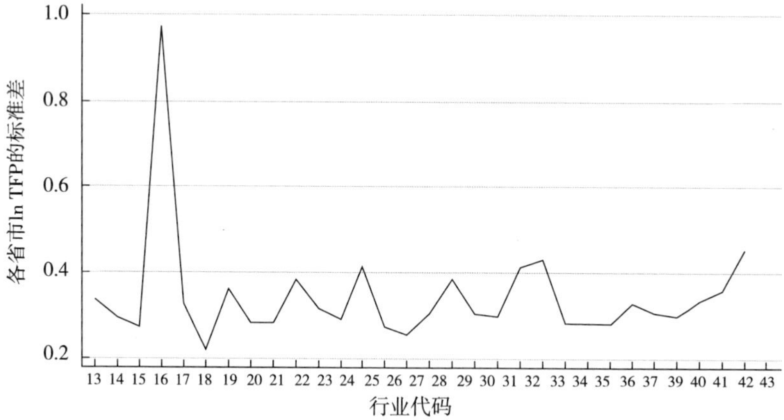

图 3.22　2007 年制造业各行业各省市生产率标准差对比

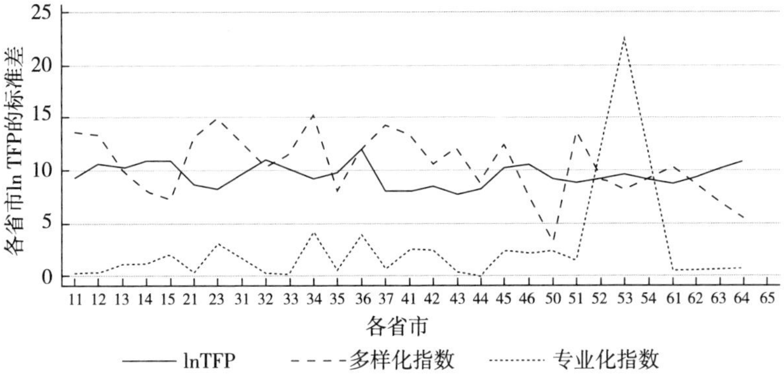

图 3.23　2007 年各省市烟草制品业集聚指数与生产率对比

四、集聚、出口与生产率

针对集聚、出口与生产率三者之间的关系，由图 3.24 可得，出口与生产率大致呈正相关关系，出口与生产率分别和专业化指数大致呈正相关关系，而出口与生产率分别和多样化指数大致呈负相关关系，这个结果可能并不准确，但它直观地表现了集聚、出口与生产率之间一定存在某种关系。针对三者的关系，后文从不同角度进行了更详细的实证分析，此处只是一个铺垫。

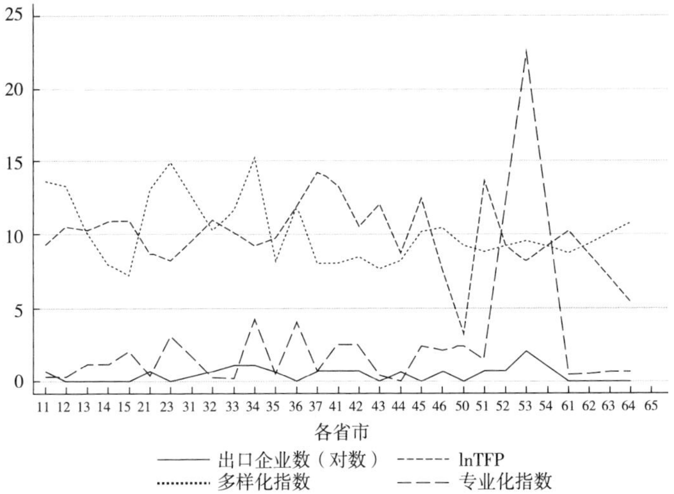

图 3.24　2007 年各省市烟草制品业集聚指数、出口企业数和生产率对比

第四章
出口与生产率：中国企业数据的经验分析

第一节 中国企业进出出口市场持续时间研究

改革开放以来，中国经济飞速发展，中国出口呈现爆炸式增长。中国出口额从 1992 年的 850 亿美元增长到 2007 年的 12201 亿美元，平均增幅达 17%，尤其在 2002 年以后增速均保持在 20%以上（陈勇兵等，2012）。但与此同时，中国经济对全球经济的依赖性也在不断增强，2008 年金融危机就充分暴露了中国出口增长应对外部冲击的脆弱性。如何保持中国出口贸易平稳发展已成为亟待研究的重要问题。企业作为出口贸易的主体之一，其行为的集合正表现为一国出口的现象和结果。由此可知，如何平稳企业的出口才是平稳一国出口贸易的根本。根据新新贸易理论，由于要克服进入国外市场的沉淀成本，企业生产率必须达到一定的阈值，未达到阈值的企业将退出国外市场，所以，企业在国外市场上转换着进入和退出的角色。要稳定企业的出口则需要尽量降低企业出口动态的转换频率，也即尽量缩短企业进入出口市场的持续时间，尽量延长企业退出出口市场的持续时间。而研究企业进出出口市场持续时间的文献较少，国外文献有 Fafchamps 等（2008）、Ilmakunnas 和 Nurmi（2010）。Fafchamps 等（2008）采用产品层面数据研究新产品第一次进入出口市场的持续时间。Ilmakunnas 和 Nurmi（2010）利用芬兰制造业企业数据运用 Clo-glog 模型研究企业进出出口市场的持续时间，结果表明，规模越大、成立时间越短、生产率越高和资本密集度越高的企业会越早地进入出口市场，且在出口市场上存续时间越长。特别是对规模小且资本密集度低的企业，企业外资的所有权会提高企业进入出口市场的概率。对规模大且资本密集度高的企业，企业外资的所有权会降低企业退出出口市场的概率。国内外文献重点研究贸易关系的持续时间。贸易关系是指某一企业（产品）进入某一国外市场到退出该市场的状态，某一企业（产品）从进入某一国外市场直至退出该市场（中间无间隔）所经历的时间称为贸易关系的持续时间（陈勇兵和李燕，2012）。其中，已有文献多从企业层面、产品层面、企业和产品结合层面来研究出口的持续时间。例如，Esteve-Pérez 等（2011）利用西班牙的企业数据研究了出口的持续时间，结果表明，企业出口的中位持续时间仅为 2 年，将近一半的出口持续时间段在第 1 年后就结束了。Besedeš 和 Prusa（2008）用 SITC 四分位数产品数据来研究 46 个国家出口的持续时间，结果表明所有地区（文章把 46 个国家划分为 6 个地区）出口持续时间的中位数仅为 1~2 年，且存在显著的地区差异。Görg 等（2008）利用 1992~2003 年匈牙利海关数据研究了多产品企业的出口持续时间，结果指出，有 15%的持续时间段是不完整的，而在完整的持续时间段中，大约 75%的出口时间段为 4 年或者更长。还有文献从产品层面来研究进口的持续时间。进口持续时间指产品从开始进口到停止从该市场进口（中间无间隔）所经历的时间（陈勇兵和李燕，2012）。Besedeš 和 Prusa（2006）用 1972~1988 年 TS-7 分位数和 1989~2001 年 HS-10 分位数的贸易数据对美国进口贸易的持续时间进行了实证研究，结果表明，美国进口贸易的持续时间较短，仅为 2~4 年。大约只有 30% 的贸易关系存在多重持续时间段，其中 2/3 的贸易关系只有两个时间段，多于三个时间段的贸易关系不到 10%。陈勇兵等（2013）运用 1998~2006 年 CEPII-BACI 数据库考察了 HS-6 分位产品层面中国进口贸易关系的持续时间及其决定因素发现，中国进口持续时间的中位值为 1 年，均值为 2.26 年。

本节利用 1998~2007 年中国工业企业数据，运用生存分析法描述了企业进出出口市场持续时间的分布特征，并进一步考察其决定因素，以期为平稳企业出口提供经验支持。同时，本节还描述了不同地区企业进出出口市场持续时间的分布特征，并对其决定因素进行了考察，以期揭示不同地区[1]内在影

---

[1] 依照本书第三章对东、中、西部三大地区的分类标准。东部包括北京市、天津市、河北省、辽宁省、上海市、江苏省、浙江省、福建省、山东省、广东省、广西壮族自治区、海南省和重庆市。中部包括山西省、内蒙古自治区、吉林省、黑龙江省、安徽省、江西省、河南省、湖北省和湖南省。西部包括四川省、贵州省、云南省、西藏自治区、陕西省、甘肃省、青海省、宁夏回族自治区、新疆维吾尔自治区。

响机制的不同。本节的主要贡献：不同于以往以企业—国家为基础的单一出口持续时间的考察（陈勇兵等，2012），本节利用中国工业企业数据库考察了两段持续时间，即新企业（首次进入数据库企业）首次进入出口市场的持续时间和新企业从首次出口到首次退出出口市场的持续时间，揭示企业出口前期和出口存活期的持续时间分布特征，并借鉴 Ilmakunnas 和 Nurmi（2010）、陈勇兵等（2012），构造了离散时间生存分析 Cloglog 模型来研究这两段持续时间的决定因素，同时还考虑了中国经济存在的区域差异问题，以期为缩短企业进入出口市场的持续时间，延长企业退出出口市场的持续时间，促进中国出口持续发展，提供正确的政策指导。

一、中国企业进出出口市场持续时间的分布估计

（一）数据处理

本节采用来自中国工业企业数据库 1998~2007 年的中国工业企业数据，我们定义企业进出出口市场的两个持续时间：一是企业进入出口市场的持续时间，即企业从首次进入中国工业企业数据库直至首次进入出口市场所经历的时间[①]；二是企业退出出口市场的持续时间，即企业首次进入出口市场直至首次退出出口市场所经历的时间，这里的企业是指 1998~2007 年首次进入数据库的企业。根据贸易统计数据特征，持续时间通常用年来衡量。本节定义的首次退出出口市场的企业是指 1998~2007 年首次退出出口市场但仍保留在数据库中的企业，或是直接退出数据库的企业。由此可得，企业 i 进入出口市场的持续时间是指企业 i 从首次进入数据库至首次进入出口市场的年数，而企业 i 首次进入出口市场的事件称为“失败”（fa-ilures）。企业 i 退出出口市场的持续时间是指企业 i 首次进入出口市场直至首次退出出口市场的年数，而企业 i 首次退出出口市场的事件称为“失败”（failures）。

数据处理存在数据删失问题。我们的样本数据是 1998~2007 年的数据，

① 因为中国工业企业数据库的统计对象是规模以上工业法人企业，其包括全部国有和年主营收入 500 万元及以上的非国有工业法人企业，并非所有企业都能进入此数据库。

如果企业在 1998 年就存在于数据库中，虽然可以通过控制企业成立时间来得知新进入数据库的企业，但新企业数目很少，约为 1998 年企业总数的 3%，而对于其他 97%的企业，我们仍不知其首次进入数据库的确切时间。如果忽略这个问题，就会低估企业进入出口市场的持续时间，即所谓左删失问题。本节的做法是去掉左删失的观测值，即选取 1999～2007 年首次进入数据库的企业。因此，本节中企业进入出口市场最长的持续时间为 9 年，企业退出出口市场最长的持续时间也为 9 年。如果企业在 2007 年有出口，我们就不知道企业首次退出出口市场的确切时间，如果企业从进入数据库直到 2007 年都不出口，我们就不知道企业首次进入出口市场的确切时间，即所谓右删失问题，使用生存分析方法可恰当地处理该问题。最后，我们对企业进入和退出出口市场的年份进行统计，得出了企业进出出口市场的持续时间，并定义了每个时间段的结局变量①。

（二）中国企业进出出口市场持续时间的估计

我们用生存分析法来估计企业进出出口市场的持续时间，生存分析中通常用生存函数（生存率）和危险函数（危险率）来描述生存时间的分布特征。本节借鉴陈勇兵等（2012）的方法来构造企业进入（退出）出口市场的生存函数，从而来估计企业进入（退出）出口市场持续时间的分布特征。由于本节把企业进入和退出出口市场的持续时间定义为新进数据库企业首次进入和退出出口市场所经历的时间，因此进入和退出出口市场的持续时间都是连续的，不存在多个持续时间段的问题。持续时间段数可由处于该持续时间的企业数量来衡量。令 T 代表新进数据库企业进入（退出）出口市场的生存时间，取值为 $t=1, 2, 3, \cdots$，i 代表某个进入（退出）的持续时间段。如果一个持续时间段是完整的，记为 $c_i=0$，右删失则记为 $c_i=1$。相应的生存函数为：

$$S_i(t)=pr(T_i>t) \tag{4.1}$$

式（4.1）表示企业进入（退出）出口市场持续时间超过 t 年的概率。

生存函数的非参数估计则由 Kaplan-Meier 乘积限估计式给出：

---

① 结局变量反映失败事件是否发生，为二分类的变量，失败事件发生 failure = 1，没有发生 failure = 0（右删失）。

$$\hat{S}(t)=\prod_{k=1}^{t}\frac{n_k-d_k}{n_k} \tag{4.2}$$

其中，n_k 表示 k 期处于危险状态中的企业数量，d_k 表示 k 期观测到的失败企业数量。

危险函数表示企业在 $t-1$ 期末进入（退出）出口市场，在 t 期首次进入（首次退出）出口市场的概率，即

$$h_i(t)=pr(t-1<T_i\leqslant t|T_i>t-1)=\frac{pr(t-1<T_i\leqslant t)}{pr(T_i>t-1)} \tag{4.3}$$

危险函数的非参数估计表示为：

$$\hat{h}_i(t)=\frac{d_k}{n_k} \tag{4.4}$$

基于 Kaplan-Meier 乘积限估计式，我们对企业进入（退出）出口市场的生存函数做了总体估计和分区域估计。

1. 企业进入出口市场生存函数的估计

（1）总体估计。由表 4.1 可得，企业进入出口市场的持续时间均值为 2.5 年，中位值为 2 年。由 KM 法可得，进入出口市场持续时间超过 1 年的企业约为 80.3%，表明 19.7%的企业在首次进入数据库的第一年后就开始出口；持续时间超过 3 年的企业约为 71.4%，表明 28.6%的企业在首次进入数据库的第 3 年后才开始出口。图 4.1 和图 4.2 给出了更直观的 Kaplan-Meier 生存函数生存曲线和危险率曲线。从图 4.1 可得，生存曲线随着持续时间的延长呈下降趋势并趋于稳定，但仍有将近 40%的企业进入出口市场的持续时间长达 9 年，表明企业从首次进入数据库到首次进入出口市场的持续时间普遍较长。从图 4.2 可得，企业首次进入数据库的第二年后企业进入出口市场的可能性最大，但随着持续时间的延长，进入出口市场的可能性迅速下降，企业进入出口市场持续时间的危险函数呈现明显的负时间依存性。究其原因可能是，进入数据库的企业随着年限的增加，其生产率进一步提高，规模进一步扩大，在国内逐渐具有一定的垄断势力，其在国内已经能获得丰厚的利润，故其出口意愿呈下降趋势。

表 4.1　中国企业进入出口市场生存函数的估计

地区 \ 生存时间（生存率）	生存时间		KM 法估计的生存率		
	均值	中位值	1 年	2 年	3 年
东部地区	2.4	2	0.7553	0.6983	0.6688
中部地区	2.5	2	0.9209	0.8299	0.7970
西部地区	2.9	2	0.9541	0.9371	0.9256
总体	2.5	2	0.8033	0.7426	0.7139

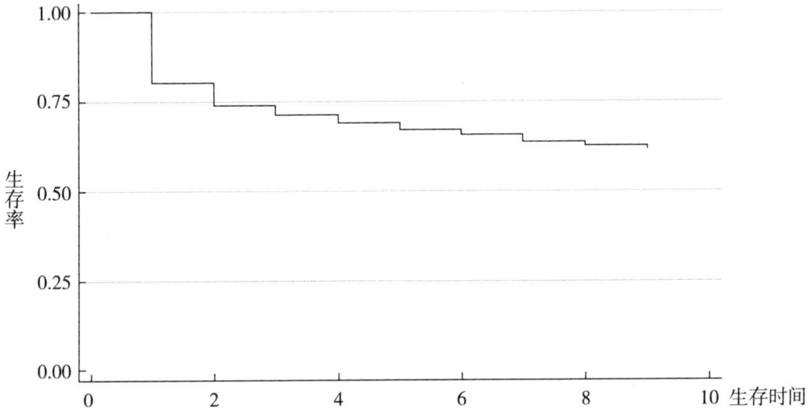

图 4.1　进入出口市场持续时间的 KM 生存曲线

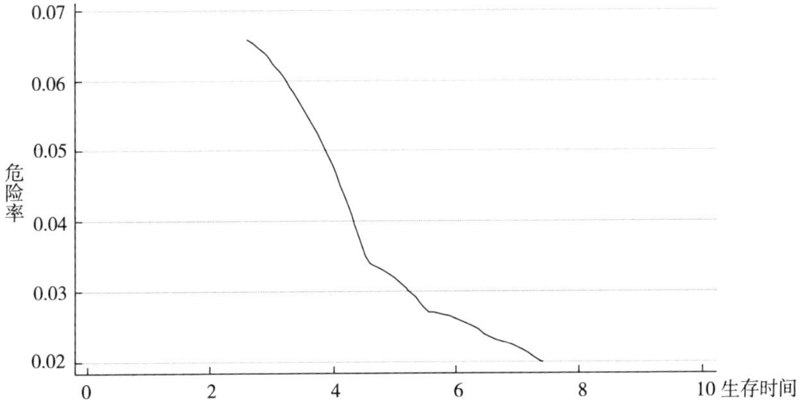

图 4.2　进入出口市场持续时间的危险率曲线

（2）分地区估计。由表 4.1 可得，虽然各地区企业进入出口市场持续时间的中位数相同，但均值却存在差异，东部地区企业显著低于中西部地区企业。从生存率来看，东部地区仅有 75.5%的企业进入出口市场的持续时间超过 1 年，远低于中西部地区，中西部地区分别达到 92.1%和 95.4%。进入出口市场持续时间超过 3 年的企业在东部地区占 66.9%，远低于中西部地区，中西部地区分别达到 79.7%和 92.6%。这说明随着持续时间的延长，东、中部企业生存率间差异变小，而东、西部企业生存率间差异变大。这也反映东部作为我国对外开放的前沿阵地，该地区企业出口能力较强，企业能较早地进入出口市场，而西部是我国经济欠发达地区，是需加强开发的地区，该地区对外开放程度低，企业出口难度大。

由图 4.3 可以直观地看出，东部地区企业的生存曲线明显低于中西部地区，而中部地区企业的生存曲线明显低于西部地区。究其原因可能在于：凭借早期的对外政策倾斜和天然的地理优势，东部地区已成为我国出口的集聚地。中部地区虽与东部地区有差距，但较西部地区，其经济发展水平更高，工业体系、交通通信、科技教育等更完善，对外开放程度也更高，故该地区企业进入出口市场的持续时间更短。

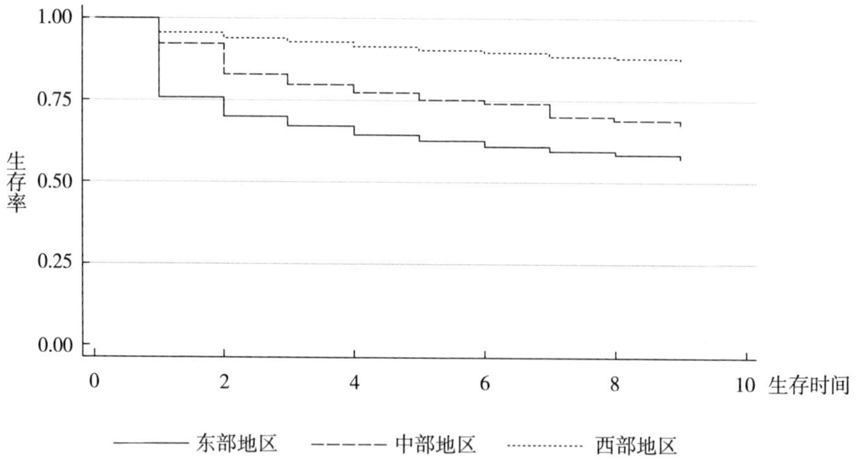

图 4.3　三大地区企业进入出口市场持续时间的 KM 生存曲线

2. 企业退出出口市场生存函数的估计

（1）总体估计。由表 4.2 可得，企业退出出口市场的持续时间均值为

3.4 年，中位数为 3 年，说明企业从首次出口直到首次停止出口的持续时间较长。从生存率来看，退出出口市场持续时间超过 1 年的企业约为 89.5%，即 10.5%的企业在首次出口的第一年后就首次停止了出口；持续时间超过 3 年的企业约为 65%，即 35%的企业在首次出口的第 3 年后才首次退出了出口市场。图 4.4、图 4.5 给出了更直观的 Kaplan-Meier 生存函数的生存曲线和危险率曲线。从图 4.4 可得，企业生存曲线随着持续时间的延长呈迅速下降趋势。从图 4.5 可得，企业退出出口市场持续时间的危险率先升高后下降，呈现倒"U"形。原因可能在于：企业首次进入出口市场，面对激烈的国际竞争和陌生的国外市场，企业要经历一个"干中学"的过程，在这个过程的初期，企业的贸易成本将增加，从而导致企业初期退出出口市场的风险逐年增大。但当企业达到一定的出口年限，由学习效应积累的丰富出口经验就能使企业出口变得更容易，故企业退出出口市场的危险率在后期呈逐年下降的趋势。

表 4.2　中国企业退出出口市场生存函数的估计

生存时间（生存率） 地区	生存时间		KM 法估计的生存率		
	均值	中位值	1 年	2 年	3 年
东部地区	3.4	3	0.8969	0.7997	0.7039
中部地区	2.9	3	0.8817	0.6801	0.3184
西部地区	3.6	3	0.9002	0.7952	0.6806
总体	3.4	3	0.8950	0.7836	0.6498

（2）分地区估计。由表 4.2 可得，与企业进入出口市场持续时间相对应，东部地区企业退出出口市场的持续时间均值为 3.4 年，远高于中部地区的 2.9 年，稍低于西部地区的 3.6 年。从生存率来看，东部地区退出出口市场持续时间超过 2 年的企业约为 80%，远高于中部地区的 68%和西部地区的 79.5%，而持续时间超过 3 年的企业约为 70.4%，远高于中西部地区的 31.8%和 68.1%。图 4.6 更直观地得出，东部地区企业的生存曲线明显高于中西部地区，但与进入出口市场持续时间的生存曲线不对应的是，中部地区企业退出出口市场持续时间的生存曲线明显低于西部地区，这表明，西部地区企业一

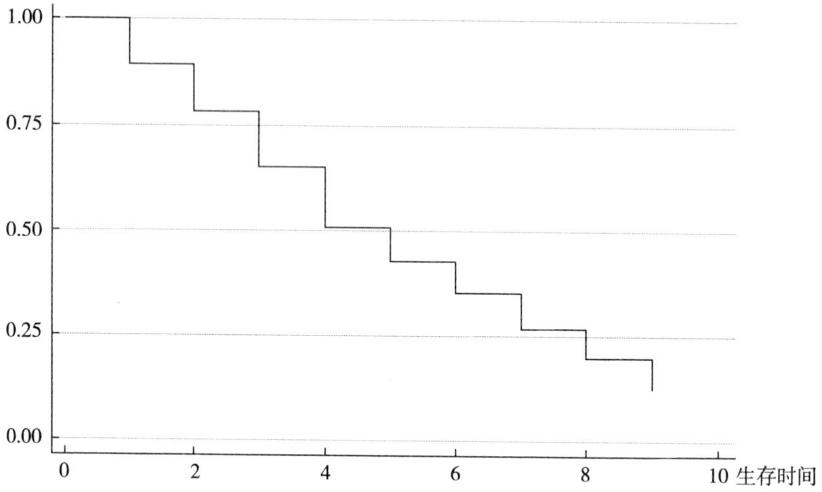

图 4.4　退出出口市场持续时间的 KM 生存曲线

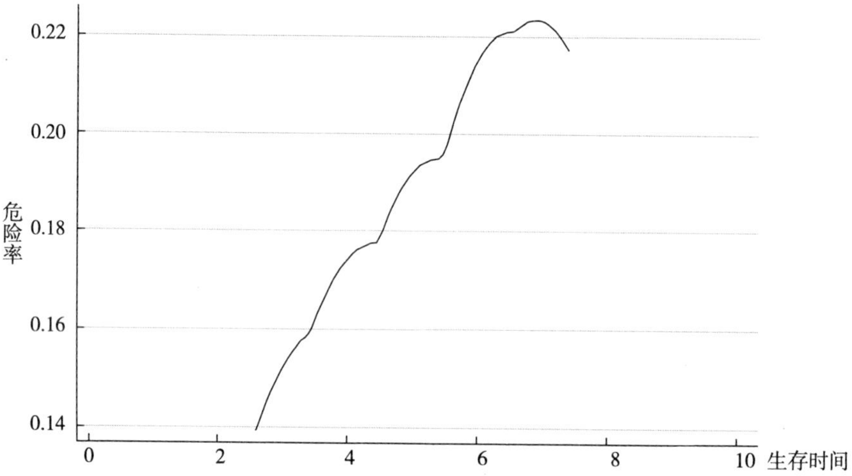

图 4.5　退出出口市场持续时间的危险率曲线

旦出口，其在出口市场的生存时间较中部地区企业更长。可能是西部地区较东部地区拥有更多的自然资源，开发潜力大，开发周期长，且其与许多国家接壤，开展边境贸易的优势很大。

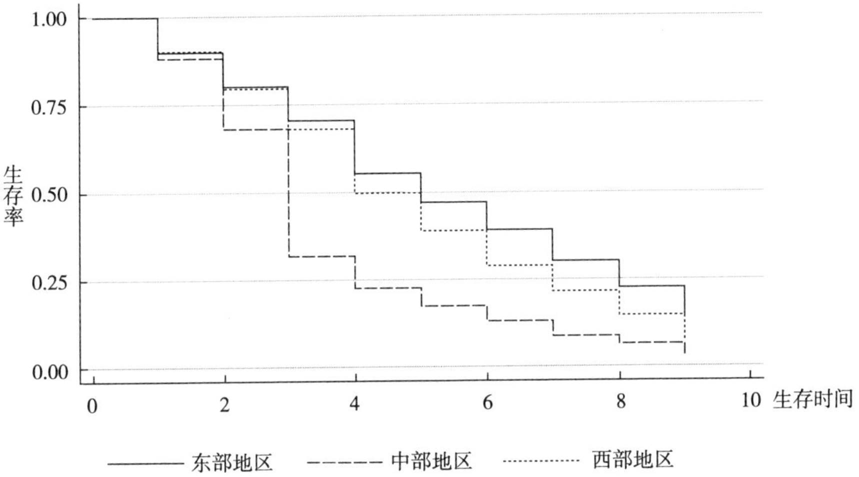

图 4.6　三大地区企业退出出口市场持续时间的 KM 生存曲线

二、中国企业进出出口市场持续时间的决定因素

1. 计量模型设定

由于离散时间模型可避免连续时间 COX 模型的诸多缺陷，如贸易持续时间的节点问题、控制不可观测的异质性问题、个体间危险率随时间变化问题等，所以我们采用离散时间生存分析模型分析企业进出出口市场持续时间的决定因素。参照陈勇兵、李燕等（2012）、Ilmakunnas 和 Nurmi（2010），我们构造离散时间生存分析 Cloglog 模型如下：

$$Cloglog[1-h_\varepsilon(t, x)] \equiv \alpha_t+\beta' X+\nu \tag{4.5}$$

其中，协变量 X 是解释变量的集合，包括影响企业进入（退出）出口市场危险率的各个因素，h_ε（t，x）表示具有协变量 X 的个体在时刻 t 的危险率，β 是待估计的回归系数，α_t 是随时间变化的基准危险函数，ε 表示企业个体不可观测的异质性，误差项 $\nu=\ln$（ε），且 $\nu \sim N$（0，σ^2），用于控制企业个体不可观测的异质性。根据 Jenkins（1995），我们采用二元因变量来估计离散时间生存分析模型。

2. 数据处理和变量选取

（1）数据处理。为保持数据的完整性，取得企业进出出口市场准确的持续时间，在本节第二部分我们未对数据异常的企业进行处理，只是删除了企业代码和年份都重复的或是企业代码缺失的数据。而此部分需考察企业进出出口市场的决定因素，需使用企业各指标数据，故我们要对数据进行进一步处理，否则无法进行估计。借鉴李玉红等（2008）的做法，对符合以下条件之一的企业进行剔除：①企业总产值、工业增加值、企业从业人员总数、中间投入、固定资产原值、固定资产净值和出口交货值为负；②应付工资和应付福利为负；③企业固定资产原值小于固定资产净值；④工业增加值或中间投入大于工业总产值。此外，以 1998 年为基期对各指标进行价格指数平减，工业增加值和资本分别用工业品出厂价格指数和固定资产投资价格指数进行平减，应付工资和应付福利用年度居民消费价格指数进行平减，中间投入用原材料、燃料、动力购进价格指数进行平减。这些价格指数可从《中国统计年鉴》（2008）中获得。

（2）变量选取。离散时间生存分析模型为二元选择模型，以每家企业每一年度数据作为一个观测值，若企业进入（退出）的持续时间 i 是删失的，那么 i 中每一年的被解释变量取值都为 0；若 i 是完整的（“失败”事件发生），则 i 的最后一年被解释变量记为 1，其余记为 0。参考国内外文献，本节选取以下几个重要的企业特征变量为解释变量：

企业生产率（tfp_{it}）：本节采用 Levinsohn 和 Petrin（2003）的半参数法计算企业生产率，该方法得到的是企业生产率对数值，该方法的优点在于能够克服不可观测的生产率对企业要素投入的影响，从而克服生产率与要素投入间的内生性问题。本节采用工业增加值为因变量来测算企业生产率，但由于 2004 年的企业数据中没有这一指标，故采用生产法测算了该年的工业增加值，其公式为：工业增加值=现价工业总产值-工业中间投入+本期应交增值税。Esteve-Pérez 等（2007）、Besedeš 和 Nair-Reichert（2009）的研究都表明，企业生产率与出口持续时间正相关，Ilmakunnas 和 Nurmi（2010）的研究表明，生产率更高的企业会更早地进入出口市场而更晚地退出出口市场，所以，我们预期生产率对企业进入出口市场的持续时间影响为负，其系数符号为正，而对企业退出出口市场的持续时间影响为正，其系数符号为负。

企业规模（$scale_{it}$）：用企业从业人员总数的对数来表示。企业规模越大可能越接近企业在市场上最有效的规模，从而规模经济效应显著，越有利于企业的出口。此外，规模大的企业倾向于进行多样化产品的生产，从而降低了企业退出出口市场的风险。所以我们预期其对企业进入出口市场的持续时间影响为负，其系数符号为正，而对企业退出出口市场的持续时间影响为正，其系数符号为负。

企业年龄（age_{it}）：用当年年份减去企业开业年份再加 1 可得。成立时间越长的企业，市场经验和资源越丰富，越有利于企业早出口。年轻企业生产的产品种类一般较少，不利于企业采取产品多样化战略来降低企业退出市场的风险。所以我们预期其对企业进入出口市场的持续时间影响为负，其系数符号为正，而对企业退出出口市场的持续时间影响为正，其系数符号为负。

资本密集度（$capital_{it}$）：用资本/企业从业人员总数再取对数可得。Bernard 和 Jensen（1999）指出，出口企业比不出口企业具有更高的资本密集度。Ilmakunnas 和 Nurmi（2010）的研究表明，资本密集度更高的企业会更早地进入出口市场而更晚地退出出口市场。故我们预期其对企业进入出口市场的持续时间影响为负，其系数符号为正，而对企业退出出口市场的持续时间影响为正，其系数符号为负。

平均工资（$wage_{it}$）：用（应付工资+应付福利）/企业从业人员总数，再取对数可得。Bernard 和 Jensen（2004）指出，平均工资对企业出口倾向有正向影响。故我们预期其对企业进入出口市场的持续时间影响为负，其系数符号为正，而对企业退出出口市场的持续时间影响为正，其系数符号为负。

产值利润率（$profit_{it}$）：用利润总额/工业总产值可得。利润率越高的企业越能克服进入国外市场的沉淀成本，而越早地进入出口市场，且在出口市场上生存较长时间。故我们预期其对企业进入出口市场的持续时间影响为负，其系数符号为正，而对企业退出出口市场的持续时间影响为正，其系数符号为负。

是否为外资企业（$foreign_i$）：把“控股情况”这一栏中显示为“港澳台控股”和“外商控股”的企业设定为外资企业，设 $foreign_i=1$，否则设 $foreign_i=0$。外资企业通常与国外企业联系更多，更了解出口市场，与国外企业的出口关系更稳定（Görg 等，2008）。故我们预期其对企业进入出口市场的持续时间影响为负，其系数符号为正，而对企业退出出口市场的持续时间影响为正，其系数符号为负。

是否为外资企业和企业规模的交互项（$foreign_i \times scale_{it}$）：此项用来考察外资控股与企业规模对企业进出出口市场持续时间的共同作用，由于作用机制较复杂，无法预期其符号。

此外，本节借鉴陈勇兵等（2012）的思路，采用随机效应模型来控制企业个体的不可观测异质性。同时加入时间、区域和行业的控制变量来控制不同时间、区域和行业对企业进出出口市场持续时间的影响。

3. 实证结果与分析

（1）企业进入出口市场持续时间的因素分析。

1）总体检验。表 4.3 的第 1、第 2 列为未控制不可观测异质性模型的回归结果，而第 3、第 4 列为控制了不可观测异质性模型的回归结果。为检验模型的稳健性，我们还给出了 Logit 模型的回归结果（第 2 列和第 4 列），其结果与 Cloglog 模型的回归结果（第 1 和第 3 列）相差不大，表明 Cloglog 模型的稳健性较好。由于第 3 列中似然比检验显著拒绝了不存在不可观测异质性的原假设，故控制了不可观测异质性 Cloglog 模型的回归结果更有效。下面分析该回归结果：由总体检验可得，企业规模、平均工资和是否为外资企业的系数符号与预期一致并显著，表明规模更大、平均工资更高且为外资控股的企业会更早地进入出口市场。生产率的系数符号虽然为正但并不显著。企业年龄和资本密集度的系数符号显著为负，表明它们对企业出口有显著的负向影响，从而会延长企业进入出口市场的持续时间。这可能在于：成立时间长的企业，制度趋于老化，管理趋于僵化，创新能力趋于下降，从而影响了企业的出口；由于我国出口的比较优势仍在劳动密集型行业，故出口企业的资本密集度不高。产值利润率的系数符号虽为负但并不显著，表明产值利润率可能对企业出口影响为正。是否为外资企业和企业规模交互项的系数符号显著为负，表明特别是对规模小的企业，外资控股会提高企业进入出口市场的概率，从而缩短企业进入出口市场的持续时间。

表 4.3　企业进入出口市场持续时间的因素分析：总体检验

解释变量	未控制不可观测异质性模型		控制不可观测异质性模型	
	Cloglog	Logit	Cloglog	Logit
ftp	−0.0825*** (0.0045)	−0.0837*** (0.0051)	0.00741 (0.0072)	0.0128 (0.0089)
scale	0.474*** (0.0056)	0.532*** (0.0067)	0.949*** (0.01)	1.175*** (0.012)
age	−0.00488* (0.0026)	−0.0036 (0.003)	−0.000391** (0.00016)	−0.000471** (0.0002)
capital	−0.0575*** (0.0027)	−0.0624*** (0.0031)	−0.0244*** (0.0049)	−0.0273*** (0.006)
wage	0.318*** (0.007)	0.363*** (0.0079)	0.519*** (0.011)	0.64*** (0.014)
profit	−0.00146 (0.0014)	−0.00139 (0.0016)	−0.00417 (0.0066)	−0.00534 (0.0075)
foreign	2.408*** (0.068)	2.587*** (0.082)	3.271*** (0.12)	3.941*** (0.15)
foreign×scale	−0.227*** (0.014)	−0.228*** (0.017)	−0.324*** (0.024)	−0.389*** (0.031)
industry	yes	yes	yes	yes
region	yes	yes	yes	yes
year	yes	yes	yes	yes
ρ			0.783*** (0.000)	0.736*** (0.000)
N	848264	848264	848264	848264
Log-Likelihood	−230039.29	−229823.85	−217670.86	−217640.71

注：***、**、*分别表示参数的估计值在1%、5%、10%的统计水平上显著，括号内数值为t统计值，“yes”表示对时间、区域与产业进行了控制，ρ 表示企业不可观测异质性的方差占总误差方差的比例，ρ 系数对应括号内数值为P值。

2）分地区检验。表4.4给出了东、中、西部地区控制（第1、第3、第5

列）和未控制（第 2、第 4、第 6 列）不可观测异质性的 Cloglog 模型的回归结果，第 1、第 3、第 5 列的似然比检验都拒绝了不存在不可观测异质性的原假设，所以控制不可观测异质性的回归结果更有效。下面根据第 1、第 3、第 5 列来分析回归结果：对于东部地区，生产率对企业进入出口市场的持续时间有显著的正向影响，而对于中西部地区，该因素却有显著的负向影响。对于三大地区，企业规模和是否为外资企业都能显著促进企业进入出口市场。对于东西部地区，平均工资对进入出口市场持续时间的影响显著为负，但对于中部地区，该因素的影响并不显著。对于东中部地区，企业年龄和资本密集度能显著延长进入出口市场的持续时间，但对于西部地区，企业年龄并不起作用，而资本密集度反而会显著缩短进入出口市场的持续时间。对于东西部地区，产值利润率对进入出口市场持续时间的影响并不显著，但对于中部地区，该因素的影响显著为负。对于东部地区，是否为外资企业和企业规模的交互项对企业进入出口市场持续时间的影响显著为正，但对于中西部地区，该因素并不起作用。

表 4.4　企业进入出口市场持续时间的因素分析：分地区检验

解释变量	东部地区		中部地区		西部地区	
	xtcloglog	cloglog	xtcloglog	cloglog	xtcloglog	cloglog
ftp	−0.151***	−0.165***	0.275***	0.147***	0.0769***	0.0766***
	(0.0077)	(0.0046)	(0.016)	(0.011)	(0.024)	(0.026)
scale	0.973***	0.49***	0.569***	0.278***	0.548***	0.545***
	(0.01)	(0.0058)	(0.018)	(0.012)	(0.023)	(0.027)
age	−0.000546***	−0.00755**	−0.000625*	−0.00172	−0.00133	−0.00154
	(0.0002)	(0.0032)	(0.00036)	(0.002)	(0.0011)	(0.0034)
capital	−0.0551***	−0.0634***	−0.0487***	−0.0551***	0.127***	0.127***
	(0.0051)	(0.0029)	(0.012)	(0.0072)	(0.018)	(0.0184)
wage	0.681***	0.396***	0.00865	−0.0737***	0.27***	0.27***
	(0.012)	(0.0069)	(0.024)	(0.016)	(0.0402)	(0.039)
profit	−0.00381	−0.000567	0.826***	0.559***	0.0692	0.0701
	(0.0081)	(0.0024)	(0.11)	(0.073)	(0.0697)	(0.044)

续表

解释变量	东部地区		中部地区		西部地区	
	xtcloglog	cloglog	xtcloglog	cloglog	xtcloglog	cloglog
foreign	3. 178 *** (0. 12)	2. 308 *** (0. 069)	1. 211 *** (0. 43)	1. 17 *** (0. 33)	1. 421 * (0. 74)	1. 428 ** (0. 71)
foreign×scale	−0. 289 *** (0. 025)	−0. 198 *** (0. 014)	−0. 0768 (0. 083)	−0. 101 (0. 063)	−0. 0482 (0. 13)	−0. 0464 (0. 13)
industry	yes	yes	yes	yes	yes	yes
region						
year	yes	yes	yes	yes	yes	yes
ρ	0. 784 *** (0. 000)		0. 765 *** (0. 000)		0. 741 *** (0. 000)	
N	603645	603547	169154	169154	74118	74118
Log-Likelihood	−177769. 96	−189204. 2	−35239. 656	−36458. 958	−7718. 6186	−7728. 7197

注：同表 4. 3。

（2）企业退出出口市场持续时间的因素分析。

1）总体检验。表 4. 5 同样给出了未控制（第 1 列和第 2 列）和控制（第 3 列和第 4 列）不可观测异质性模型的回归结果，也给出了 Logit 模型的估计结果（第 2 列和第 4 列），其结果与 Cloglog 模型的回归结果（第 1 列和第 3 列）相差不大，表明 Cloglog 模型同样具有良好的稳健性。但第 3 列的似然比检验接受了不存在不可观测异质性模型的原假设，从而使第 1 列和第 3 列的回归结果相同。以下根据第 3 列来分析回归结果：除企业年龄外，其他变量的符号都与预期的一致且显著。特别是企业规模和产值利润率对企业退出的影响较大。企业规模每增加 1 倍，企业退出出口市场的失败率就下降 27. 3%；产值利润率每提高 1 个单位，企业退出出口市场的失败率就下降 34. 9%。此外，外资企业退出出口市场的失败率比非外资企业低 16. 3%。企业年龄的系数符号显著为正，表明成立时间长的企业退出出口市场的失败率更高，这可能是由于成立时间长的企业组织结构僵化，缺乏活力，创新能力不足，从而导致企业较早地被淘汰。是否为外资企业和企业规模交互项的系数符号显著为负，表明特别是对规模大的企业，外资控股会降低企业退出出口市场的概率，从而延长企业退出出口市场的持续时间。

表 4.5 企业退出出口市场持续时间的因素分析：总体检验

解释变量	未控制不可观测异质性模型		控制不可观测异质性模型	
	Cloglog	Logit	Cloglog	Logit
ftp	−0.0238***	−0.02**	−0.0238***	−0.02***
	(0.0064)	(0.0078)	(0.0059)	(0.0067)
scale	−0.273***	−0.309***	−0.273***	−0.309***
	(0.0059)	(0.0068)	(0.0057)	(0.0065)
age	0.00041***	0.000534***	0.00041***	0.000534***
	(0.0001)	(0.00014)	(0.00012)	(0.00016)
capital	−0.0216***	−0.0251***	−0.0216***	−0.0251***
	(0.004)	(0.0044)	(0.0039)	(0.0043)
wage	−0.193***	−0.214***	−0.193***	−0.214***
	(0.01)	(0.011)	(0.0096)	(0.011)
profit	−0.349***	−0.47***	−0.349***	−0.47***
	(0.058)	(0.11)	(0.031)	(0.047)
foreign	−0.163*	−0.25**	−0.163*	−0.25**
	(0.091)	(0.098)	(0.091)	(0.098)
foreign×scale	−0.0899***	−0.0743***	−0.0899***	−0.0743***
	(0.018)	(0.019)	(0.018)	(0.019)
industry	yes	yes	yes	yes
region	yes	yes	yes	yes
year	yes	yes	yes	yes
ρ			3.30e−06	2.31e−06***
			(0.455)	(0.004)
N	269813	269813	269813	269813
Log-Likelihood	−114255.87	−114162.44	−114255.87	−114116.03

注：同表 4.3。

2）分地区检验。表 4.6 给出了东、中、西部地区控制（第 1 列、第 3 列、第 5 列）和未控制（第 2 列、第 4 列、第 6 列）不可观测异质性的 Cloglog 模型的回归结果，第 1 列、第 3 列、第 5 列的似然比检验都接受了不存在不可观测异质性的原假设，以至无论是否控制不可观测异质性，回归结果都一样。下面根据第 1、第 3、第 5 列来分析回归结果：对东部地区，生产率对企业退出出口市场持续时间的影响并不显著，但对于中部地区，该因素却有显著负向影响，而对于西部地区，该因素又有显著的正向影响。企业规模对东、中、西部地区的企业都有显著的正向影响，表明企业规模越大，各地区企业在出口市场的生存时间越长。对于东部地区，企业年龄对退出出口市场持续时间有显著的负向影响，但对于中、西部地区，该因素的负向影响并不显著。对于东部地区，资本密集度、平均工资、产值利润率都如预期会降低企业退出出口市场的概率，但对于中部地区，除平均工资对企业退出出口市场的概率影响显著为负外，其他两因素的影响都显著为正，而对于西部地区，除产值利润率的影响显著为负外，其他两因素的负向影响并不显著。特别地，对于中部地区，外资企业对退出出口市场的持续时间有显著的正向影响，但对于东、西部地区，该因素的影响并不显著。可能是由于中部地区处于内陆地区，对外开放程度低于东部地区而高于西部地区，外商投资对企业在出口市场上的生存时间有重要影响。对于东部地区，是否为外资企业和企业规模的交互项对企业退出出口市场的持续时间有显著的正向影响，而对中、西部地区却没什么作用。

表 4.6　企业退出出口市场持续时间的因素分析：分地区检验

解释变量	东部地区		中部地区		西部地区	
	xtcloglog	cloglog	xtcloglog	cloglog	xtcloglog	cloglog
ftp	−0.00956	−0.00956	0.077***	0.077***	−0.0669**	−0.0669*
	(0.0068)	(0.0075)	(0.012)	(0.013)	(0.034)	(0.035)
scale	−0.306***	−0.306***	−0.236***	−0.236***	−0.147***	−0.147***
	(0.0066)	(0.0069)	(0.012)	(0.012)	(0.03)	(0.03)
age	0.000485***	0.000485***	0.000311	0.000311	0.000642	0.000642
	(0.00013)	(0.00011)	(0.0004)	(0.00025)	(0.00051)	(0.00041)

续表

解释变量	东部地区		中部地区		西部地区	
	xtcloglog	cloglog	xtcloglog	cloglog	xtcloglog	cloglog
capital	-0.0379***	-0.0379***	0.0407***	0.0407***	-0.0151	-0.0151
	(0.0042)	(0.0043)	(0.01)	(0.01)	(0.027)	(0.028)
wage	-0.215***	-0.215***	-0.403***	-0.403***	-0.0337	-0.0337
	(0.011)	(0.011)	(0.022)	(0.023)	(0.059)	(0.062)
profit	-0.523***	-0.523***	0.0875**	0.0875***	-0.538***	-0.538***
	(0.031)	(0.071)	(0.04)	(0.024)	(0.14)	(0.15)
foreign	0.0752	0.0752	-1.107***	-1.107***	-0.0941	-0.0941
	(0.096)	(0.097)	(0.33)	(0.31)	(0.94)	(1.03)
foreign×scale	-0.0764***	-0.0764***	0.00214	0.00214	-0.0873	-0.0873
	(0.019)	(0.02)	(0.065)	(0.059)	(0.19)	(0.21)
industry	yes	yes	yes	yes	yes	yes
region						
year	yes	yes	yes	yes	yes	yes
ρ	0.000106		3.02e-06		2.88e-06	
	(0.444)		(0.479)		(0.493)	
N	235304	235303	28834	28834	5675	5675
Log-Likelihood	-94878.924	-94878.914	-14907.903	-14907.902	-2681.8486	-2681.8485

注：同表 4.3。

三、小结

本节利用 1998~2007 年中国工业企业数据，首先，估计了企业进出出口市场的持续时间，发现企业进入出口市场的持续时间均值为 2.5 年，中位数为 2 年。进入出口市场持续时间超过 1 年的企业约为 80.3%，持续时间超过 3 年的企业约为 71.4%。企业退出出口市场的持续时间均值为 3.4 年，中位数为 3 年，退出出口市场持续时间超过 1 年的企业约为 89.5%，持续时间超过 3 年的企业约为 65%。企业进入出口市场持续时间的危险函数呈现明显的负时间依存性，而企业退出出口市场持续时间的危险率先升高后下降，呈现倒

“U”形。对不同地区的企业进出出口市场生存率的分类估计可得：对于进入出口市场的持续时间，东部地区企业明显低于中西部地区，而中部地区企业明显低于西部地区；对于退出出口市场的持续时间，东部地区企业明显高于中西部地区，但中部地区企业却明显低于西部地区，这表明西部地区企业一旦出口，其在出口市场的生存时间较中部地区企业更长，可能是因为西部地区较东部地区拥有更多的自然资源，开发潜力大，开发周期长，且其与许多国家接壤，开展边境贸易的优势很大。

其次，我们采用离散时间生存分析 Cloglog 模型考察了企业进出出口市场持续时间的决定因素。结果表明：企业规模、平均工资、是否为外资企业对企业进入出口市场持续时间的影响显著为负，而对企业退出出口市场持续时间的影响显著为正。生产率和产值利润率对企业进入出口市场的持续时间并无显著影响，但却显著延长了企业退出出口市场的持续时间。成立时间更长的企业会更晚地进入出口市场而更早地退出出口市场。资本密集度更低的企业会更早地出口，但也会更早地停止出口。特别是对规模小的企业，外资控股会提高企业进入出口市场的概率，对规模大的企业，外资控股会降低企业退出出口市场的概率。此外，我们还发现，企业进出出口市场持续时间的决定因素存在显著的地区差异。

第二节　生产率差异与行业生产率增长：基于企业进入、退出的视角

作为一国工业的主导力量，制造业在国民经济中发挥着至关重要的作用。2010 年中国制造业产出占全球的 19.8%，是仅次于美国的全球第二大工业制造国，中国凭借巨大的制造业总量成为名副其实的“世界工厂”。中国制造业企业以中小企业为主，主要依靠低成本的劳动力优势，资本密集度和技术水平较低，企业组织成本也较低，再者中国正处于转轨时期，改革引进了优胜劣汰的机制，消除了很多行业的进入壁垒，由此导致了企业进入各行业的沉淀成本较低。Hopenhayn（1992）指出，低的进入成本能更好地促进有效的企业进入和无效的企业退出，从而提高企业进入、退出的规模和速度。若进入

企业确实比退出企业具有更高的生产率，则企业的进入、退出将导致行业内资源从低生产率的企业转向高生产率的企业，从而促进整个行业生产率的改善。那么进入企业是否比退出企业具有更高的生产率？是否进入企业是因为比在位企业的生产率高才选择进入？退出企业是否是生产率最低的企业？进入企业、退出企业和在位企业对行业生产率的改善有多大贡献？为回答这些问题，我们利用来自1998~2007年中国工业企业数据库中1999年、2003年和2007年三个时点的12个主要制造业行业的企业面板数据来测算进入企业、退出企业和在位企业间生产率的差异，并分析这三类企业对行业生产率增长的贡献。

随着微观企业数据可得性的提高，结合产业组织理论从企业进入退出角度进行生产率研究的文献逐渐增多，成为生产率研究领域的前沿和热点。Griliches和Regev（1995）根据以色列企业数据，实证得出进入、退出和在位企业的市场份额重置只能解释生产率增长的很小一部分，但Levinsohn等（1999）和Aw等（2001）分别利用智利和中国台湾地区的企业数据，实证得出企业进入、退出导致的资源重新配置是行业生产率增长的重要来源。Hahn（2000）利用1990~1998年韩国制造业企业数据研究发现，韩国企业进入率、退出率显著高于美国等发达国家，而且进入、退出对生产率增长的贡献达到40%以上。囿于企业数据的缺乏，国内学者从企业进入、退出角度来研究生产率的文献较少。李玉红等（2008）利用2000~2005年中国企业数据，结合BHC方法和偏离份额方法，从企业动态角度对工业生产率增长进行分解，最后得出，对于工业生产率的增长，企业进入和退出导致的资源配置贡献约占一半，而存活企业的技术进步贡献占另外一半。但他们只是对整个工业生产率增长进行分解，并没有细化到各个工业行业。涂正革和肖耿（2005）利用中国大中型工业企业数据，采用随机前沿方法（SFA）系统研究了37个二分位数工业行业的全要素生产率（TFP）的增长趋势，把各行业生产率增长分解为前沿技术变化、技术效率、资源配置效率和规模经济性四部分，但他们没有考虑企业进入、退出对行业生产率增长的影响。范剑勇等（2013）虽然考虑了企业的动态变化，但是利用随机前沿方法（SFA）对整个制造业生产率的变化进行分解，没有对制造业的各行业细分。聂辉华、贾瑞雪（2011）对中国整个制造业生产率的增长进行了BCD和GR分解，发现制造业企业资源误配较严重，且进入、退出未对技术进步发挥正面作用。

由以上分析可知，以往国内文献主要集中于利用企业层面数据，从静态或动态的视角，对整个工业或制造业生产率的增长进行分解，很少对各行业的生产率增长情况进行研究，且都未对进入、退出和在位企业间的生产率差异进行深入考察，但这一点对揭示各行业甚至整个产业生产率增长的内在原因具有重要的意义，因此它具有重要的研究价值。此外，对于转型中的中国，伴随着大规模的企业进入、退出，各行业的生产率有所提高，但行业生产率增长与企业进入退出间的内在作用机制仍待研究，弄清这一问题对更好地促进我国各行业生产率的增长有重要的指导意义。本节首次测算了中国 12 个主要制造业行业进入企业、退出企业和在位企业间生产率的差异，以期探寻企业进入、退出导致行业生产率提高的内在原因。此外，本节基于 Griliches 和 Regev（1995）行业生产率增长的分解方法首次分解了中国 12 个主要制造业行业生产率的增长，分析了进入企业、退出企业和在位企业对行业生产率增长的贡献，以期为更好地促进制造业各行业生产率的增长提供丰富的政策建议。

一、生产率差异与企业进入、退出

1. 理论基础和实证模型

Lambson（1991）、Hopenhayn（1992）、Ericson 和 Pakes（1995）等利用不同的行业动态理论模型解释了微观生产者成功和失败的不同路径。他们都假设相同行业的生产者具有不同的生产率，而且面对不同的生产率冲击。生产率演化过程中的差异性使生产者轮流做出进入、退出或是继续留在行业内的决定。他们的模型为分析生产率差异和企业进入、退出的关系提供了一个实用的理论框架。下面我们基于 Hopenhayn（1992）的理论模型来简要分析生产率差异和企业进入、退出的关系，并设定相应的实证模型来验证此关系。

在 Hopenhayn（1992）的模型中，一个行业由许多处于完全竞争市场中生产同质性产品的企业组成。每个企业的产出都是各种投入要素和一个可随机扰动的生产率冲击 ϕ 的函数。生产率冲击 ϕ 符合一个马尔科夫过程（Markov process），这一过程与企业的个体特性无关。条件分布函数 $F(\phi_{t+1}|\phi_t)$ 随着

ϕ_t 严格递减，表明 t 时点大的生产率冲击将降低 $t+1$ 时点企业拥有一个大的生产率冲击的概率。在新的生产率冲击未被观测到之前，在位企业首先选择退出或是继续留在行业内，随后新的生产率冲击被观测到，企业再决定该时点的产出水平。潜在的进入者将通过支付进入成本 C_e 来选择进入，然后再从公共生产率分布函数 $G(\nu)$ 中选择一个初始生产率来决定当时的产出水平。最后我们根据各行业供给和需求的相等来决定各行业均衡的产出价格。Hopenhayn（1992）最后得出行业动态均衡时企业退出的一条法则：企业在 $t+1$ 时点退出，仅当前一时点的 $\phi_t<X_t$，X_t 表示企业拥有正的贴现预期利润所应具备的最低生产率水平。

Hopenhayn（1992）还得出了以下三个结论：一是低的进入成本能更好地促进有效的企业进入和无效的企业退出，从而提高企业进入、退出的规模和速度。进入成本增加将使进入有利可图所需的贴现预期利润提高和在位企业生存所需的最低生产率下降，从而使企业进入、退出规模和速度下降。高进入成本使新企业进入受阻，同时把在位企业从市场选择中隔离出来（即使生产率很低的在位企业也能在市场中继续存活）。二是企业的退出集中在整个行业生产率最低的企业中。三是在一定条件下，在位企业的生产率分布优于进入企业。

本节利用 1998～2007 年中国工业企业数据，选取 1999 年、2003 年和 2007 年三个时点 12 个主要制造业行业的企业数据来验证以上三个结论。针对结论一，我们分析了中国 12 个主要制造业行业企业进入退出的情况；针对结论二，我们考察了各行业不同年份进入企业、退出企业分别与在位企业平均生产率的差异；针对结论三，我们不仅考察了进入企业和在位企业平均生产率的差异，还把进入企业细分为下一年[①]仍存活的本年进入企业和下一年将退出的本年进入企业，来比较它们与本年在位企业平均生产率的差异，此外，我们还考察了下一年仍存活的本年进入企业是否会随着存活时间的延长而提高其生产率，并使其生产率水平收敛至在位企业的水平。针对我们考察的内容，设定实证模型[②]如下：

$$\ln ATFP_{it}=\beta_0+\beta_{2003}y_{2003}+\beta_{2007}y_{2007}+\gamma_{2003}(E_{it}\times y_{2003})+\gamma_{2007}(E_{it}\times y_{2007})+\delta_{1999}(EX_{it}\times$$

① 由于本节只选取了三个时点，下一年是指下一个时点，如 1999 年为本年，则 2003 年为下一年。

② 为使公式更简明，本节出现的所有公式均省略了行业标识。

$y_{1999})+\delta_{2003}(EX_{it}\times y_{2003})+\alpha_1 province_i+\alpha_2 ownership_i+\alpha_3\ln(scale)_{it}+\mu_{it}$

其中，$t=1999$，2003，2007 (4.6)

$\ln ATFP_{it}=\beta_0+\beta_1 Survive_{it}+\beta_2 Nosurvive_{it}+\alpha_1 province_i+\alpha_2 ownership_i+\alpha_3\ln(scale)_{it}+\eta_{it}$

其中，$t=2003$ 年。 (4.7)

$\ln ATFP_{it}=\beta_0+\beta_1 y_{2007}+\beta_2(Entrant_i\times y_{2003})+\beta_3(Entrant_i\times y_{2007})+\alpha_1 province_i+\alpha_2 ownership_i+\alpha_3\ln(scale)_{it}+\varsigma_{it}$

其中，$t=2003$，2007 (4.8)

$\ln ATFP_{it}$ 表示 t 年企业 i 生产率的对数值。我们采用近似全要素生产率（Approximate Total Factor Productivity，ATFP）表示企业的生产率，其本源是参数方法中“索洛残值法”的衍生，优点是计算方便且不失准确性，公式为 $ATFP=\ln(Q/L)-s\ln(K/L)$，其中，Q 为产出，K 为资本，L 为劳动，s 为生产函数中资本的贡献度。借鉴 Hall 和 Jones（1999），我们设定 $s=1/3$。

模型（4.6）考察各行业不同年份进入企业、退出企业分别与在位企业平均生产率的差异，运用 1999 年、2003 年、2007 年三个时点的企业近似全要素生产率对年份虚拟变量（y_{2003} 和 y_{2007}）和年份虚拟变量与 E_{it}/EX_{it} 的交叉项进行混合数据的 OLS 回归，同时对企业所在省份、企业所有制性质和企业规模进行了控制。E_{it} 表示 t 年是否是企业 i 进入市场的第一年，若是，则 $E_{it}=1$，否则 $E_{it}=0$。EX_{it} 表示 t 年是否是企业 i 存活于市场的最后一年，若是，则 $EX_{it}=1$，否则 $EX_{it}=0$。模型（4.7）考察下一年仍存活的本年进入企业和下一年将退出的本年进入企业分别与本年在位企业平均生产率的差异，运用 2003 年企业的近似全要素生产率对 2007 年仍存活的和 2007 年将退出的 2003 年进入企业进行了截面数据的 OLS 回归，同时对企业所在省份、企业所有制性质和企业规模进行了控制。在 t 年的所有企业中，若企业 i 是下一年仍存活的本年进入企业，则 $Survive_{it}=1$，否则 $Survive_{it}=0$；若企业 i 是下一年将退出的本年进入企业，则 $Nosurvive=1$，否则 $Nosurvive=0$。模型（4.8）考察下一年仍存活的本年进入企业是否会随着存活时间的延长而改善其生产率，并使其生产率水平收敛至在位企业的水平。为考察这一内容，本节仅利用 2007 年仍存活的 2003 年进入企业和 2007 年仍存活的 2003 年在位企业的数据，运用这两类企业 2003 年和 2007 年的近似全要素生产率对年份虚拟变量（y_{2007}）和年份虚拟变量与 $Entrant_i$ 的交叉项进行混合数据的 OLS 回归，同时对企业所在省份、企业所有制性质和企业规模进行了控制。若企业 i 是 2007 年仍存活的 2003 年进入企业，则 $Entrant_i = 1$，否则 $Entrant_i = 0$。

2. 数据处理

我们选取了 1998～2007 年中国工业企业数据库的 1998 年、2003 年和 2007 年三个时点的制造业企业数据，其原因是为了避免考察时间段过短导致统计口径边缘企业的频繁进出（李玉红等，2008）。根据数据库中行业分类方法，我们选取了 12 个主要制造业行业，这些行业的企业总数和总产出所占制造业总体百分比在 1999 年分别为 65%和 57%，在 2003 年分别为 69%和 68%，在 2007 年分别为 70%和 68%①。这些行业的名称及在数据库中的代码如表 4.7 所示，为简化篇幅，下面我们用行业代码代表具体名称。

表 4.7　12 个主要制造业行业代码及名称

行业代码	行业名称
13	农副食品加工业
17	纺织业
18	纺织服装、鞋、帽制造业
26	化学原料及化学制品制造业
30	塑料制品业
31	非金属矿物制品业
32	黑色金属冶炼及压延加工业
34	金属制品业
35	普通机械制造业
37	交通运输设备制造业
39	电气机械及器材制造业
40	通信设备、计算机及其他电子设备制造业

此外，我们还对满足以下条件之一的企业数据进行了剔除：①工业增加值为负；②企业从业人员数、固定资产净值和中间投入为负；③企业代码或

① 由 1998 年、2003 年和 2007 年三个时点的制造业企业数据计算可得。

企业控股情况为空。我们选取工业增加值、企业从业人员数和固定资产净值分别代表产出、劳动和资本。选取“控股情况”这一指标来表示企业的所有制性质，它把企业分为6类：国有控股企业、集体控股企业、私人控股企业、港澳台控股企业、外商控股企业和其他企业。企业规模可由企业从业人员数取对数获得。本节对企业状态的界定如下（李玉红等，2008）：把企业分为进入企业、在位企业和退出企业，设 σ 为考察时间段。在位企业定义为：如果企业在第 $t-\sigma$ 年和在第 t 年同时出现，就认为企业在考察期 σ 内一直存在。如果企业在（$t-\sigma$，t）间的某段时间消失，但是后来又出现，也作为在位企业。但是，如果企业转产，如从一个行业退出，进入一个新行业，那么这种企业不算是在位企业。将进入企业界定为：如果企业在第 $t-\sigma$ 年没有出现，但是在第 t 年出现，就判断企业在考察期 σ 内进入。将退出企业界定为：如果企业在数据库中第 $t-\sigma$ 年出现，但是在第 t 年消失且再也没有出现过，就判断企业在考察期内退出。本节选取了1999年、2003年和2007年的企业数据，设定考察时间段为4年。

3. 实证结果分析

在进行模型（4.6）至模型（4.8）的实证分析之前，我们先分析中国12个主要制造业行业企业进入、退出的情况（见表4.8、表4.9）和各行业在不同年份企业生产率的分布情况（见表4.10）。

表4.8　2007年所有企业中进入企业的贡献

行业代码/进入企业		进入企业所占企业数目百分比（%）	进入企业所占企业产出百分比（%）
13	2003年进入的企业	0.203	0.301
	2007年进入的企业	0.697	0.499
17	2003年进入的企业	0.230	0.278
	2007年进入的企业	0.664	0.453
18	2003年进入的企业	0.235	0.288
	2007年进入的企业	0.649	0.490
26	2003年进入的企业	0.225	0.249
	2007年进入的企业	0.631	0.434

续表

行业代码/进入企业		进入企业所占企业数目百分比（%）	进入企业所占企业产出百分比（%）
30	2003 年进入的企业	0. 220	0. 284
	2007 年进入的企业	0. 667	0. 507
31	2003 年进入的企业	0. 228	0. 280
	2007 年进入的企业	0. 621	0. 492
32	2003 年进入的企业	0. 220	0. 262
	2007 年进入的企业	0. 677	0. 311
34	2003 年进入的企业	0. 205	0. 268
	2007 年进入的企业	0. 685	0. 513
35	2003 年进入的企业	0. 189	0. 231
	2007 年进入的企业	0. 689	0. 455
37	2003 年进入的企业	0. 216	0. 254
	2007 年进入的企业	0. 632	0. 339
39	2003 年进入的企业	0. 220	0. 261
	2007 年进入的企业	0. 640	0. 420
40	2003 年进入的企业	0. 203	0. 284
	2007 年进入的企业	0. 655	0. 387

表 4.9　1999 年所有企业中退出企业的贡献

行业代码/退出企业		退出企业所占企业数目百分比（%）	退出企业所占企业产出百分比（%）
13	2003 年退出的企业	0. 605	0. 425
	2007 年退出的企业	0. 219	0. 209
17	2003 年退出的企业	0. 533	0. 403
	2007 年退出的企业	0. 209	0. 224
18	2003 年退出的企业	0. 474	0. 362
	2007 年退出的企业	0. 213	0. 212
26	2003 年退出的企业	0. 480	0. 307
	2007 年退出的企业	0. 213	0. 200
30	2003 年退出的企业	0. 483	0. 327
	2007 年退出的企业	0. 201	0. 206

续表

行业代码/退出企业		退出企业所占企业数目百分比（%）	退出企业所占企业产出百分比（%）
31	2003 年退出的企业	0.503	0.407
	2007 年退出的企业	0.233	0.222
32	2003 年退出的企业	0.583	0.320
	2007 年退出的企业	0.189	0.120
34	2003 年退出的企业	0.507	0.367
	2007 年退出的企业	0.191	0.181
35	2003 年退出的企业	0.459	0.304
	2007 年退出的企业	0.198	0.182
37	2003 年退出的企业	0.469	0.243
	2007 年退出的企业	0.200	0.151
39	2003 年退出的企业	0.202	0.092
	2007 年退出的企业	0.281	0.178
40	2003 年退出的企业	0.431	0.268
	2007 年退出的企业	0.198	0.198

如表 4.8 所示，在 2007 年的所有企业中，有 2003 年进入直到 2007 年仍存活的企业，也有 2007 年进入的企业。针对农副食品加工业（13），2003 年进入企业的数目和产出分别占 2007 年企业总数和总产出的 20%和 30%，而 2007 年进入企业数目和产出所占百分比分别高达 70%和 50%。针对各行业，2003 年进入企业的总数约占 2007 年企业总数的 20%，企业总产出约占 2007 年总产出的 20%~30%。而 2007 年进入企业的总数约占 2007 年企业总数的 60%以上，且企业总产出约占 2007 年总产出的 30%~50%。总体来看，有 85%［交通运输设备制造业（37）］~90%［农副食品加工业（13）］的企业在 8 年后出现，其产出份额约占 57%［黑色金属冶炼及压延加工业（32）］~80%［农副食品加工业（13）］。如表 4.9 所示，在 1999 年的所有企业中，有 2003 年退出的企业，也有 2007 年退出的企业。针对农副食品加工业（13），2003 年退出企业的数目和产出分别占 1999 年企业总数和总产出的 61%和 43%，而 2007 年退出企业的数目和产出所占百分比分别为 22%和 21%。针对各行业，2003 年退出企业的总数约占 1999 年企业总数的 20%~61%，企业总产出约占

1999 年总产出的 10%~43%。而 2007 年退出企业的总数占 1999 年企业总数的 20%左右，企业总产出约占 1999 年总产出的 12%~22%。总体来看，有 48%［电气机械及器材制造业（39）］~82%［农副食品加工业(13)］的企业在 8 年后消失，其产出份额约占 17%［电气机械及器材制造业(39)］~63%［农副食品加工业(13)］。由表 4.8 和表 4.9 可得，1999~2007 年，中国制造业各行业进入、退出的规模确实很大，这与中国制造业企业低的进入成本有很大的关系。这也证实了 Hopenhayn（1992）的结论一，即低的进入成本能更好地促进有效的企业进入和无效的企业退出，从而提高企业进入、退出的规模和速度。

对企业进入、退出的情况分析后，再分析各行业不同年份企业生产率的分布情况。由表 4.10 可得，各行业各四分位数的企业生产率随着年份的增加而提高，如纺织业（17）企业生产率的第一四分位数由 1999 年的 1.34 上升为 2007 年的 2.27，提高了 0.93，而中位数和第三四分位数分别提高了 0.8 和 0.78。再看各行业的四分位间距（Inter Quartile Range，IQR），12 个行业中有 7 个行业企业生产率的四分位间距先降后升，这主要是由于前 4 年（1999~2003 年）企业生产率的第一四分位数增长幅度大于第三四分位数增长幅度，而后 4 年（2003~2007 年）企业生产率的第三四分位数增长幅度更大。如纺织业（17）前 4 年企业生产率的第一四分位数增长了 0.55，而第三四分位数只增长了 0.38，而后 4 年前者增长了 0.38，后者却增长了 0.41。这也表明，纺织业（17）前 4 年低生产率企业减少，而后 4 年高生产率企业增加。总体来看，各行业企业生产率随着年份的增加而上升，但我们不清楚其上升的内在原因，为探寻其内在原因，下面研究生产率差异与企业进入、退出的关系，揭示进入企业、退出企业和在位企业间生产率的差异（见表 4.11 至表 4.14），正是这种差异性导致了行业生产率的改善。

表 4.10 各行业不同年份企业生产率的分布情况

行业代码/各百分位	1999 年	2003 年	2007 年
13-IQR	1.750	1.451	1.428
第 25 百分位	1.334	2.134	2.625
中位数	2.254	2.867	3.347
第 75 百分位	3.084	3.585	4.053

续表

行业代码/各百分位	1999 年	2003 年	2007 年
17-IQR	1. 222	1. 044	1. 074
第 25 百分位	1. 342	1. 892	2. 272
中位数	1. 965	2. 405	2. 764
第 75 百分位	2. 564	2. 936	3. 346
18-IQR	1. 118	0. 992	1. 023
第 25 百分位	1. 617	1. 920	2. 134
中位数	2. 161	2. 387	2. 613
第 75 百分位	2. 735	2. 912	3. 157
26-IQR	1. 403	1. 280	1. 244
第 25 百分位	1. 543	2. 159	2. 687
中位数	2. 283	2. 800	3. 308
第 75 百分位	2. 946	3. 439	3. 931
30-IQR	1. 207	1. 069	1. 117
第 25 百分位	1. 629	2. 042	2. 350
中位数	2. 232	2. 571	2. 853
第 75 百分位	2. 836	3. 111	3. 467
31-IQR	1. 217	1. 206	1. 219
第 25 百分位	1. 260	1. 730	2. 292
中位数	1. 835	2. 322	2. 880
第 75 百分位	2. 477	2. 936	3. 511
32-IQR	1. 271	1. 282	1. 263
第 25 百分位	1. 569	2. 261	2. 850
中位数	2. 195	2. 936	3. 480
第 75 百分位	2. 840	3. 543	4. 113
34-IQR	1. 207	1. 093	1. 119
第 25 百分位	1. 645	2. 106	2. 427
中位数	2. 257	2. 621	2. 945
第 75 百分位	2. 852	3. 199	3. 546
35-IQR	1. 263	1. 065	1. 125

续表

行业代码/各百分位	1999 年	2003 年	2007 年
第 25 百分位	1.385	2.064	2.449
中位数	2.057	2.568	2.967
第 75 百分位	2.648	3.129	3.574
37-IQR	1.371	1.134	1.106
第 25 百分位	1.338	1.990	2.393
中位数	2.057	2.548	2.903
第 75 百分位	2.709	3.124	3.499
39-IQR	1.234	1.169	1.218
第 25 百分位	0.133	2.184	2.471
中位数	0.851	2.752	3.035
第 75 百分位	1.367	3.353	3.689
40-IQR	1.270	1.334	1.179
第 25 百分位	1.668	2.067	2.275
中位数	2.343	2.688	2.800
第 75 百分位	2.938	3.401	3.455

表 4.11 由模型（4.6）得到，考察了各行业不同年份进入企业、退出企业分别与在位企业平均生产率的差异。由表 4.11 可得：其一，各行业进入企业的平均生产率要低于在位企业。由第 4 列可得，2003 年进入企业的平均生产率比在位企业低 4%［纺织服装、鞋、帽制造业（18）］~19%［化学原料及化学制品制造业(26)］。由第 5 列可得，2007 年进入企业的平均生产率比在位企业低 4%~20%［除交通运输设备制造业（37）外］。表 4.12 第 3 列的 F 检验也表明，除黑色金属冶炼及压延加工业（32）外，其他行业的进入企业和在位企业平均生产率确实存在差异。其二，各行业退出企业的平均生产率要低于在位企业，与进入企业相比，其平均生产率更低（对比表 4.11 第 6 列、第 4 列及第 7 列、第 5 列的系数值）。这证实了 Hopenhayn（1992）的结论二，即企业的退出集中在整个行业生产率最低的企业中。其三，除农副食品加工业（13）和纺织服装、鞋、帽制造业（18）外，其他行业的进入企业和在位企业平均生产率的差异会随着企业进入时间的增加而减少，如纺织业

(17)，2003 年进入企业和在位企业平均生产率差异为 15%，而 2007 年该差异则减为 4%。但是对于退出企业，除农副食品加工业（13）和化学原料及化学制品制造业（26）外，其他行业的进入企业和在位企业平均生产率的差异会随着企业退出时间的增加而增加。同样是纺织业（17)，2003 年退出企业和在位企业平均生产率差异为 23%，而 2007 年该差异却增为 28%。但表 4.12 第 1 列和第 2 列的 F 检验则表明，不到一半行业的进入企业和在位企业平均生产率的差异会随着进入时间的不同而发生显著变化，同样的情况也适用于退出企业和在位企业。

由表 4.11 可得，进入企业平均生产率要低于在位企业，它们可能竞争不过在位企业，那它们为什么还要选择进入呢？原因可能在于：进入企业本身存在异质性，其中有些企业生产率高，有些企业生产率低。它们可能不清楚自身最初的生产率水平（Jovanovic，1982)，而且它们可能希望通过进入市场后带来的规模经济、研发投资增加和市场经验积累等来提高自身的生产率。为进一步研究进入企业和在位企业生产率的差异，我们把进入企业细分为下一年仍存活和下一年将退出的本年进入企业。

表 4.11　进入企业、退出企业和在位企业生产率的差异

行业代码	常数项	y_{2003}	y_{2007}	$E_{it}\times y_{2003}$	$E_{it}\times y_{2007}$	$EX_{it}\times y_{1999}$	$EX_{it}\times y_{2003}$
	β_0	β_{2003}	β_{2007}	γ_{2003}	γ_{2007}	δ_{1999}	δ_{2003}
13	3.383***	0.336***	1.183***	−0.165***	−0.195***	−0.323***	−0.273***
	(0.101)	(0.033)	(0.044)	(0.030)	(0.018)	(0.026)	(0.039)
17	3.118***	0.351***	0.756***	−0.147***	−0.041***	−0.229***	−0.284***
	(0.111)	(0.020)	(0.046)	(0.018)	(0.011)	(0.020)	(0.028)
18	3.113***	0.183***	0.767***	−0.037*	−0.050***	−0.126***	−0.139***
	(0.153)	(0.023)	(0.071)	(0.021)	(0.015)	(0.025)	(0.033)
26	3.518***	0.382***	1.185***	−0.191***	−0.093***	−0.327***	−0.304***
	(0.075)	(0.022)	(0.031)	(0.021)	(0.014)	(0.021)	(0.030)
30	3.242***	0.271***	0.966***	−0.138***	−0.096***	−0.257***	−0.278***
	(0.113)	(0.027)	(0.059)	(0.025)	(0.016)	(0.027)	(0.040)

续表

行业代码	常数项	y_{2003}	y_{2007}	$E_{it}\times y_{2003}$	$E_{it}\times y_{2007}$	$EX_{it}\times y_{1999}$	$EX_{it}\times y_{2003}$
	β_0	β_{2003}	β_{2007}	γ_{2003}	γ_{2007}	δ_{1999}	δ_{2003}
31	3.330***	0.379***	1.034***	−0.121***	−0.050***	−0.173***	−0.298***
	(0.060)	(0.018)	(0.030)	(0.017)	(0.013)	(0.016)	(0.024)
32	2.401***	0.606***	1.663***	−0.059	−0.042	−0.143***	−0.235***
	(0.168)	(0.050)	(0.076)	(0.045)	(0.27)	(0.041)	(0.067)
34	3.335***	0.348***	1.293***	−0.122***	−0.083***	−0.161***	−0.205***
	(0.103)	(0.026)	(0.057)	(0.024)	(0.015)	(0.023)	(0.039)
35	3.130***	0.471***	1.304***	−0.167***	−0.068***	−0.219***	−0.377***
	(0.087)	(0.020)	(0.036)	(0.019)	(0.013)	(0.022)	(0.030)
37	2.628***	0.434***	1.124***	−0.089***	0.036**	−0.216***	−0.457***
	(0.099)	(0.029)	(0.038)	(0.027)	(0.017)	(0.029)	(0.043)
39	1.759***	1.313***	2.028***	−0.090***	−0.058***	−0.058	−0.394***
	(0.143)	(0.128)	(0.130)	(0.023)	(0.015)	(0.247)	(0.038)
40	3.365***	0.471***	1.012***	−0.109***	−0.080***	−0.253***	−0.441***
	(0.140)	(0.033)	(0.049)	(0.035)	(0.021)	(0.026)	(0.058)

注：***、**、*分别表示在1%、5%、10%水平上显著。括号内为稳健标准误。

表 4.12 回归系数的 F 检验

行业代码	$\gamma_{2003}=\gamma_{2007}$	$\delta_{1999}=\delta_{2003}$	$\gamma_{2003}=\gamma_{2007}=0$	$\delta_{1999}=\delta_{2003}=0$
13	0.72	1.13	71.77***	100.16***
17	26.46***	2.53	40.10***	116.46***
18	0.27	0.10	6.64***	22.28***
26	15.64***	0.39	62.97***	173.59***
30	2.13	0.19	32.84***	69.19***
31	11.27***	18.21***	30.97***	130.74***
32	0.10	1.40	2.08	11.86***
34	1.90	0.94	26.75***	37.42***
35	19.84***	17.93***	50.04***	128.08***
37	16.28***	22.07***	8.14***	82.81***

续表

行业代码	$\gamma_{2003}=\gamma_{2007}$	$\delta_{1999}=\delta_{2003}$	$\gamma_{2003}=\gamma_{2007}=0$	$\delta_{1999}=\delta_{2003}=0$
39	1.47	1.80	14.94***	54.68***
40	0.50	8.86***	11.76***	76.79***

注：***、**、*分别表示在1%、5%、10%水平上显著。表中数据为相应条件下的F统计值。

表4.13由模型（4.7）得到，考察了下一年仍存活和下一年将退出的本年进入企业分别与本年在位企业平均生产率的差异。由表4.13可得，在12个行业中，7个行业2007年仍存活的2003年进入企业平均生产率显著高于2003年的在位企业，2007年将退出的2003年进入企业平均生产率显著低于2003年在位企业。这表明，进入企业自身确实存在异质性，且由于进入企业最初生产率的不同而导致了企业下一年存活和退出的不同命运，最初生产率高的进入企业更可能存活。表4.13第4列的F检验也表明，除黑色金属冶炼及压延加工业（32）外，在其他行业中这两种不同的进入企业与在位企业平均生产率的差异存在显著的不同。

表4.13　两种不同的进入企业与在位企业生产率的差异

行业代码	常数项	$Survive_{it}$	$Nosurvive_{it}$	F检验
	β_0	β_1	β_2	$\beta_1=\beta_2$
13	2.785*** (0.112)	0.073*** (0.027)	-0.020 (0.030)	11.51***
17	2.992*** (0.112)	0.017 (0.018)	-0.074*** (0.022)	23.93***
18	2.836*** (0.117)	0.059*** (0.021)	-0.006 (0.025)	9.31***
26	3.140*** (0.093)	0.030 (0.020)	-0.128*** (0.026)	45.33***
30	2.809*** (0.123)	0.038 (0.024)	-0.092*** (0.030)	24.38***

续表

行业代码	常数项	$Survive_{it}$	$Nosurvive_{it}$	F 检验
	β_0	β_1	β_2	$\beta_1=\beta_2$
31	2.919*** (0.084)	0.074*** (0.017)	-0.046** (0.021)	36.35***
32	2.375*** (0.289)	0.118*** (0.042)	0.072 (0.045)	1.21
34	2.900 (0.101)	-0.004*** (0.023)	-0.084*** (0.028)	10.63***
35	2.715*** (0.110)	0.028 (0.019)	-0.061** (0.026)	14.44***
37	2.096*** (0.107)	0.190*** (0.027)	0.091*** (0.035)	10.31***
39	2.929*** (0.106)	0.078*** (0.023)	-0.072** (0.029)	33.06***
40	3.297*** (0.132)	0.043*** (0.046)	0.126 (0.036)	3.89**

注：***、**、*分别表示在1%、5%、10%水平上显著。括号内为稳健标准误，最后一列为相应条件下的F统计值。

表4.14由模型（4.8）得到，考察了下一年仍存活的本年进入企业是否会随着存活时间的延长而提高其生产率，并使其生产率水平收敛至在位企业的水平。由表4.14可得，除金属制品业（34）和电气机械及器材制造业（39）外，2007年仍存活的2003年进入企业平均生产率显著高于2003年的在位企业。对比第3列和第4列的系数可得，5个行业2007年仍存活的2003年进入企业经过4年后生产率显著提高。但第5列的F检验表明，6个行业2007年仍存活的2003年进入企业，在进入当年和进入4年后与在位企业平均生产率的差异不存在显著不同。总体来看，下一年仍存活的本年进入企业很有可能随着存活时间的延长而提高其生产率，并使其生产率水平收敛至在位企业的水平。

表 4.14　2003 年进入企业和在位企业生产率水平的收敛

行业代码	常数项	y_{2007}	$Entrant_i \times y_{2003}$	$Entrant_i \times y_{2007}$	F 检验
	β_0	β_1	β_2	β_3	$\beta_2=\beta_3$
13	2.839*** (0.116)	0.350*** (0.067)	−0.036 (0.032)	0.070** (0.033)	5.39**
17	3.165*** (0.104)	0.162** (0.066)	−0.082*** (0.019)	0.039* (0.020)	19.72***
18	2.727*** (0.115)	0.304*** (0.095)	0.031 (0.023)	0.055** (0.027)	0.52
26	3.347*** (0.082)	0.399*** (0.044)	−0.067*** (0.022)	0.100*** (0.023)	28.77***
30	2.906*** (0.120)	0.252** (0.098)	−0.043* (0.026)	0.083*** (0.029)	11.06***
31	3.066*** (0.072)	0.290*** (0.043)	−0.020 (0.019)	0.103*** (0.021)	19.56***
32	2.243*** (0.219)	0.589*** (0.102)	0.057 (0.048)	0.151*** (0.049)	1.95
34	3.002*** (0.109)	0.403*** (0.086)	−0.035 (0.025)	0.010 (0.027)	1.52
35	2.896*** (0.090)	0.383*** (0.050)	−0.035* (0.020)	0.041* (0.022)	7.00***
37	2.287*** (0.098)	0.301*** (0.051)	0.082*** (0.028)	0.110*** (0.029)	0.50
39	3.053*** (0.098)	0.369*** (0.068)	−0.003 (0.024)	0.030 (0.025)	0.94
40	3.522*** (0.112)	−0.008 (0.074)	0.035 (0.038)	0.068* (0.036)	0.43

注：***、**、* 分别表示在 1%、5%、10%水平上显著。括号内为稳健标准误，最后一列为相应条件下的 F 统计值。

由表 4.11 至表 4.14 可得，各行业进入企业和退出企业的平均生产率都低于在位企业，且三类企业中退出企业的平均生产率最低；进入企业自身确实存在异质性，最初生产率高的进入企业更可能存活，且其生产率很有可能收敛至在位企业的水平。

二、行业生产率增长与企业进入、退出

进入企业、退出企业和在位企业间生产率的差异导致了行业资源从低生产率的企业转向高生产率的企业，从而提高了整个行业的生产率。那么进入企业、退出企业和在位企业对整个行业生产率的提高有多大贡献呢？本部分先对行业生产率进行测算，再对行业生产率的提高进行分解，来深入地研究此问题。

借鉴 Olley 和 Pakes（1996），我们定义 t 年某行业的生产率为：

$$\ln ATFP_t = \overline{\ln ATFP_t} + \sum_f \Delta\theta_{ft}\Delta\ln ATFP_{ft} \tag{4.9}$$

其中，$\overline{\ln ATFP_t}$ 表示 t 年某行业未加权的平均企业生产率，θ_{ft} 表示 t 年企业 f 行业内的市场份额，由于市场份额与产出份额很接近，且产出份额更易获得，本节用产出份额来近似替代市场份额。$\Delta\theta_{ft}\Delta\ln ATFP_{ft} = (\theta_{ft} - \overline{\theta_{ft}})(\ln ATFP_{ft} - \overline{\ln ATFP_{ft}})$ 表示 t 年某行业企业 f 生产率和市场份额的样本协方差，协方差越大，高生产率企业的产出份额越大，则行业生产率水平越高。

表4.15报告了12个主要制造业行业的生产率及其组成。各行业的生产率总水平和未加权的平均企业生产率都随着年份增加而上升。各行业各年的生产率总水平在2.0~5.0，其中未加权的平均企业生产率约占65%以上［除1999年的电气机械及器材制造业（39）］。未加权的平均企业生产率随着年份的增加变化较大，在1999~2007年，其增加值最小为0.51［纺织服装、鞋、帽制造业（18）］，最大为2.44［电气机械及器材制造业（39）］。但企业生产率与市场份额的样本协方差变化却不大，不过其一直保持着正值，这说明更大的产出份额集中于更高生产率的企业，从而使行业整体生产率高于未加权的企业平均生产率。

表 4.15　12 个主要制造业行业的生产率及其组成

行业代码	年份	$\ln ATFP$	$\overline{\ln ATFP}$	$\sum_f \Delta\theta_{ft}\Delta\ln ATFP$
13	1999	3. 181	2. 109	1. 072
	2003	3. 610	2. 793	0. 817
	2007	4. 138	3. 317	0. 821
17	1999	2. 354	1. 899	0. 455
	2003	2. 764	2. 395	0. 369
	2007	3. 268	2. 819	0. 449
18	1999	2. 679	2. 149	0. 530
	2003	2. 891	2. 402	0. 489
	2007	3. 272	2. 662	0. 610
26	1999	2. 659	2. 185	0. 474
	2003	3. 444	2. 760	0. 684
	2007	4. 059	3. 310	0. 749
30	1999	2. 847	2. 181	0. 666
	2003	3. 118	2. 542	0. 576
	2007	3. 550	2. 924	0. 626
31	1999	2. 354	1. 837	0. 517
	2003	2. 897	2. 301	0. 596
	2007	3. 559	2. 900	0. 659
32	1999	2. 494	2. 150	0. 344
	2003	3. 364	2. 854	0. 510
	2007	3. 993	3. 471	0. 522
34	1999	2. 866	2. 194	0. 672
	2003	3. 280	2. 625	0. 655
	2007	3. 781	3. 005	0. 776
35	1999	2. 527	1. 948	0. 579
	2003	3. 167	2. 556	0. 611
	2007	3. 773	3. 029	0. 744

续表

行业代码	年份	$\ln ATFP$	$\overline{\ln ATFP}$	$\sum_f \Delta\theta_{ft}\Delta\ln ATFP$
37	1999	2.872	1.933	0.939
	2003	3.800	2.505	1.295
	2007	4.015	2.958	1.057
39	1999	1.883	0.660	1.223
	2003	3.555	2.732	0.823
	2007	3.949	3.099	0.850
40	1999	3.107	2.241	0.866
	2003	4.172	2.735	1.437
	2007	4.002	2.906	1.096

下面我们把行业生产率的增长值分解为在位企业自身生产率的增长、进入和退出企业生产率的差异及市场份额重置导致的生产率增长。借鉴 Griliches 和 Regev（1995），我们把所有在时点 $t+1$ 将退出的 t 时点在位企业合并为一个退出企业，其市场份额为 θ_{Xt}，本节用 t 时点该退出企业行业内产出份额的总和来表示；其生产率为 $\ln ATFP_{Xt}$，本节用 t 时点该退出企业生产率的行业内产出份额的加权平均值来表示。同理，把所有在时点 $t+1$ 将进入的企业合并为一个进入企业，其市场份额为 θ_{Et+1}，本节用 $t+1$ 时点该退出企业行业内产出份额的总和来表示；其生产率为 $\ln ATFP_{Et+1}$，本节用 $t+1$ 时点该进入企业生产率的行业内产出份额的加权平均值来表示。$f\in C$，C 为两时点同时存在的在位企业的集合。行业生产率增长值的分解公式如下：

$$d\ln ATFP = \ln ATFP_{t+1} - \ln ATFP_t = \sum_{f\in C}\left[\left(\frac{\theta_{ft}+\theta_{ft+1}}{2}\right)(\ln ATFP_{ft+1} - \ln ATFP_{ft})\right] + \left(\frac{\theta_{Xt}+\theta_{Et+1}}{2}\right)(\ln ATFP_{Et+1} - \ln ATFP_{Xt}) + \sum_{f\in C}\left[\left(\frac{\ln ATFP_{ft}+\ln ATFP_{ft+1}}{2}\right)(\theta_{ft+1} - \theta_{ft})\right] + \left(\frac{\ln ATFP_{Et+1}+\ln ATFP_{Xt}}{2}\right)(\theta_{Et+1} - \theta_{Xt}) \tag{4.10}$$

其中，等式右边分解为四项：第一项为在位企业自身生产率的增长，第二项为进入和退出企业生产率的差异，第三项为在位企业市场份额变化导致的生产率增长，第四项为进入和退出企业市场份额差异导致的生产率增长，把第三项和第四项合并为一项，称为市场份额重置导致的生产率增长。

表4.16报告了12个主要制造业行业在1999~2003年和2003~2007年生产率的增长及分解情况。在1999~2007年，后4年行业生产率增长的最小值为0.9［通信设备、计算机及其他电子设备制造业（40）］，最大值为1.58［农副食品加工业（13）］，而前4年行业生产率增长最小值为0.53［纺织业（17）］，最大值为2.38［通信设备、计算机及其他电子设备制造业（40）］。除交通运输设备制造业（37）、电气机械及器材制造业（39）和通信设备、计算机及其他电子设备制造业（40）外，其他行业后4年的增长幅度都大于前4年。再看各行业两个时间段生产率增长的分解情况，市场份额重置导致的生产率增长约占各行业生产率总增长的60%以上，这说明企业进入、退出导致的市场份额重置对行业生产率的增长起着重要作用。这与Baily等（1992）和Haltiwanger（1997）的结论相似，他们得出，行业内市场份额重置导致的生产率增长约占美国制造业各行业生产率增长的一半。进入和退出企业生产率的差异对行业生产率增长的影响为正，说明进入企业的平均生产率高于其所替代的退出企业，这也与表4.11的结论一致。进入和退出企业生产率的差异在1999~2003年约占各行业生产率总增长的8%~30%［除通信设备、计算机及其他电子设备制造业（40）外］，在2003~2007年其约占各行业生产率总增长的8%~24%。在位企业自身生产率的增长各时段在绝大部分行业生产率的总增长中只占10%左右，在2003~2007年，通信设备、计算机及其他电子设备制造业（40）在位企业的生产率甚至出现了负增长。

总体来看，在1999~2003年和2003~2007年两个时间段内，绝大部分行业进入和退出企业的生产率差异比在位企业自身的生产率增长对行业生产率增长的贡献更大，但两者对行业生产率增长的影响都为正［除通信设备、计算机及其他电子设备制造业（40）外］。市场份额重置导致的生产率增长约占行业生产率增长的60%以上，远高于另外两个因素，成为行业生产率增长的主要来源。这表明我国制造业在1999~2007年绝大部分行业的生产率增长主要源于企业大规模进入和退出造成的资源重新配置（包括进入和退出企业生产率的差异和市场份额重置导致的生产率增长），这也揭示了我国建立优胜劣汰的市场竞争机制及新上投资项目对经济增长质量的意义（李玉红等，2008）。在位企业自身的生产率提高对行业生产率增长的贡献很小，这与我国制造业企业以中小企业为主、自主创新能力不足、资金和技术积累不够、生产率水平低下且发展缓慢有关。

表 4.16　12 个主要制造业行业生产率的增长及其分解

行业代码/年份		生产率的增长	生产率增长的分解		
			在位企业自身生产率的增长	进入和退出企业生产率的差异	市场份额重置导致的生产率增长
13	1999～2003	0.827	0.057	0.247	0.523
	2003～2007	1.580	0.145	0.332	1.103
17	1999～2003	0.528	0.061	0.129	0.338
	2003～2007	1.014	0.111	0.195	0.708
18	1999～2003	0.645	0.042	0.177	0.426
	2003～2007	1.029	0.086	0.227	0.716
26	1999～2003	0.949	0.136	0.191	0.622
	2003～2007	1.417	0.151	0.268	0.997
30	1999～2003	0.730	0.056	0.194	0.480
	2003～2007	1.224	0.101	0.291	0.832
31	1999～2003	0.646	0.100	0.147	0.399
	2003～2007	1.236	0.132	0.268	0.836
32	1999～2003	1.166	0.239	0.164	0.763
	2003～2007	1.565	0.214	0.133	1.218
34	1999～2003	0.772	0.083	0.177	0.512
	2003～2007	1.452	0.108	0.330	1.014
35	1999～2003	0.894	0.145	0.166	0.583
	2003～2007	1.437	0.148	0.279	1.010
37	1999～2003	1.326	0.239	0.104	0.983
	2003～2007	1.120	0.088	0.130	0.903
39	1999～2003	2.119	0.130	0.389	1.600
	2003～2007	1.412	0.124	0.231	1.057
40	1999～2003	2.383	0.009	1.207	1.167
	2003～2007	0.902	−0.002	0.158	0.746

三、小结

本节利用来自 1998～2007 年中国工业企业数据库 1999 年、2003 年和 2007 年三个时点的 12 个主要制造业行业企业面板数据来测算进入企业、退出企业和在位企业间生产率的差异，并分析这三类企业对行业生产率增长的贡献，得出以下结论：

第一，各行业进入企业和退出企业的平均生产率都低于在位企业，且退出企业的生产率最低；进入企业自身确实存在异质性，最初生产率高的进入企业更可能存活，且其生产率很有可能收敛至在位企业的水平。

第二，1999～2003 年和 2003～2007 年在绝大部分行业生产率的增长中，进入和退出企业生产率的差异约占 8%～30%，而在位企业自身生产率的增长只占 10%左右，市场份额重置导致的生产率增长约占行业生产率增长的 60%以上。这表明我国制造业在 1999～2007 年绝大部分行业生产率的增长主要源于企业大规模进入和退出造成的资源重新配置。

第三节　出口经验对出口学习效应的影响：基于企业所有制异质性视角

随着新新贸易理论的发展和各国微观数据可得性的增强，学者们从企业层面对出口和生产率的关系进行了大量经验研究，并得出了一条经验规律，即出口企业比非出口企业的生产率要高。为解释这一规律，学者们提出了两个假说：一是出口的自我选择效应，它是指由于企业进入国外市场要克服一定的固定成本（如市场调研、分销渠道的建立和员工培训等所需费用），只有生产率高的企业才能在国外市场获得利润从而选择出口；二是出口学习效应，它是指企业可以通过出口来提升自身生产率水平，这种提升可能来自于企业对国外顾客和竞争者先进生产技术和组织管理水平的学习，也可能来自于竞争更激烈的国际市场所导致的企业创新能力的增强，还可能来自出口以后更为广阔的国际市场所形成的规模经济。

大量经验研究支持了出口的自我选择效应，详见 Wagner（2007）综述，但有关出口学习效应的研究结论并不清晰。大部分文献用不同的方法，从不同角度来直接研究出口学习效应，很少有文献深入研究企业出口经验对出口学习效应的影响。少量国内文献虽涉及了此方面的研究，但有的文献只是针对某类企业，如本土制造业企业（张杰等，2009）或是民营企业（许斌，2006），有的文献只采用劳动生产率这一简单指标代表企业生产率，该指标忽略了资本和其他因素对生产率的重要影响，用其代表生产率不够全面和准确（邵敏，2012）。此外，这些文献的时间跨度都较短，样本量较小，且都没有从企业所有制异质性的视角来分析问题。荆逢春等（2013）指出，企业所有制的异质性与企业出口学习效应密切相关，国有企业和集体企业随着资本金比率的升高，它们的出口学习效应将进一步增强，私营企业的出口学习效应不显著，而港澳台和外商投资企业的出口学习效应受自身所有制性质的抑制。本节利用 1998~2007 年中国规模以上工业企业数据，基于企业所有制异质性的视角考察了出口经验对企业出口学习效应的影响，这对于深入分析不同所有制企业出口学习效应的时间效应有重要的价值，有利于了解不同所有制企业出口学习效应的内在作用机制。

与以往研究相比，本节试图在以下几个方面进行拓展：①为克服小样本选择的不完整性和特殊性的缺点，本节选取了 1998~2007 年一直存活的中国规模以上工业企业数据，该数据样本量大，时间跨度较长。②为使生产率的衡量更全面和准确，本节采用全要素生产率衡量企业生产率。为了对实证结果进行稳健性检验，本节除用 LP 方法外，还用 OLS 方法来测算企业的全要素生产率。③本节首先考察所有企业和不同所有制性质企业出口学习效应的存在性，其次重点考察它们的出口经验对出口学习效应的影响并分析其原因，而这正是以往文献均未涉及但又值得研究的问题。

一、模型设定和数据处理

1. 模型设定

本节共设置了两个模型，模型（4.11）考察所有企业和不同所有制类型企业是否存在出口学习效应，其设置如下：

$$TFP_{it}=\alpha_0+\alpha_1 EI_{it-1}+\alpha_2 Age_{it}+D_{industry}+D_{ownership}+D_{province}+D_{year}+\mu_i+\varepsilon_{it} \tag{4.11}$$

其中，$t=1998$，…，2007。TFP_{it} 表示企业 i 在 t 年的生产率，本节用 LP 和 OLS 方法计算可得，其中因变量都采用工业增加值，资本用固定资产净值表示，劳动力用年均从业人员数表示，所得的生产率都采用对数形式。EI_{it-1} 表示企业 i 在 $t-1$ 年的出口强度，为出口交货值与总销售收入的比值，此处采用滞后一期的出口强度变量是为了尽量消除生产率和出口间的内生性问题。此外，回归模型还控制了其他变量：Age_{it}、$D_{industry}$、$D_{province}$、$D_{ownership}$ 和 D_{year}，Age_{it} 表示企业 i 在 t 年的年龄，由企业当年年份减去成立年份加 1 再取对数可得，$D_{industry}$、$D_{province}$、$D_{ownership}$ 和 D_{year} 分别表示产业、省、所有制性质和年份的虚拟变量，产业虚拟变量基于二分位数而生成。根据数据中“控股情况”的分类，本节把企业所有制类型划分为 6 种，分别为国有控股企业、集体控股企业、私人控股企业、港澳台控股企业、外商控股企业和其他企业。μ_i 表示企业 i 的个体效应，ε_{it} 表示符合标准正态分布的随机扰动项。

模型（4.12）考察所有企业和不同所有制类型企业的出口经验对出口学习效应的影响，其设置如下：

$$TFP_{it}=\alpha_0+（\alpha_1 D^1{}_{it}+\alpha_2 D^2{}_{it}+\alpha_3 D^3{}_{it}+\alpha_4 D^4{}_{it}）EI_{it-1}+\alpha_5 Age_{it}+D_{industry}+D_{ownership}+D_{province}+D_{year}+\mu_i+\varepsilon_{it} \tag{4.12}$$

其中，$t=2002$，…，2007。

借鉴 Greenaway 和 Yu（2004）的方法，本节以 2002 年为起点，根据企业出口经验，选取了部分企业作为考察对象，包括已出口一年的企业、已出口两年的企业、至少已出口 3 年的企业、一直出口的企业和一直不出口的企业。以一直不出口的企业作为基础组，生成了 $D^1{}_{it}$、$D^2{}_{it}$、$D^3{}_{it}$ 和 $D^4{}_{it}$ 四个虚拟变量，分别表示已出口一年的企业、已出口两年的企业、至少已出口 3 年的企业、一直出口的企业。对这些企业的具体描述如表 4.17 所示。

表 4.17　在 t 年根据出口经验对不同类型企业的描述

企业类型	$t-4$ 年及以前的出口状态	$t-3$ 年的出口状态	$t-2$ 年的出口状态	t 和 $t-1$ 年的出口状态
已出口一年的企业	0	0	0	1

续表

企业类型	$t-4$ 年及以前的出口状态	$t-3$ 年的出口状态	$t-2$ 年的出口状态	t 和 $t-1$ 年的出口状态
已出口两年的企业	0	0	1	1
至少已出口3年的企业	0 或 1	1	1	1
一直出口企业	1	1	1	1
一直不出口企业	0	0	0	0

注：出口状态为 1 表示出口，0 表示不出口。

2. 数据处理

本节的数据来自 1998~2007 年中国工业企业数据库，我们选取了在此期间一直存活的规模以上中国工业企业。参考李玉红等（2008）的做法，本节剔除了以下不合逻辑的错误记录和明显与现实不符的记录：①企业总产值、工业增加值及出口交货值为负；②企业各项投入为负，包括年均从业人员数、中间投入、固定资产净值为负；③工业增加值或中间投入大于总产出；④企业开业年份大于当年年份。此外，以 1998 年为基年，我们对各指标进行价格指数的平减，固定资产净值、工业增加值和中间投入分别用年度固定资产价格指数、工业品出厂价格指数和原材料、燃料、动力购进价格指数进行平减，这些价格指数来自《中国统计年鉴》（2008）。表 4.18 对各主要变量进行了描述性统计。

表 4.18　各主要变量的描述性统计

变量	均值	标准差	最小值	最大值
TFP_{it}（LP 方法）	6.982082	1.134656	-1.916775	13.34245
TFP_{it}（OLS 方法）	-1.92e-11	0.9227566	-8.290899	5.228892
Age_{it}	2.612754	0.7880077	0	7.602401
EI_{it-1}	0.2226999	0.3715114	0	1
$D^1{}_{it}\times EI_{it-1}$	0.0019427	0.0305805	0	1
$D^2{}_{it}\times EI_{it-1}$	0.0025933	0.0401142	0	1
$D^3{}_{it}\times EI_{it-1}$	0.0217085	0.1273583	0	1
$D^4{}_{it}\times EI_{it-1}$	0.1904611	0.3567856	0	1

二、实证结果与分析

由于本节数据构成了严格的面板数据，而且有关产业、省、所有制类型的虚拟变量多为非时变的，故不宜采用固定效应模型，而采用随机效应模型估计参数。表 4. 19 和表 4. 20 给出了模型（4. 11）的回归结果，模型（4. 11）考察所有企业和不同所有制类型企业是否存在出口学习效应。本节采用了总体回归和分组回归的方法。为了检验分组回归的合理性，我们用 Chow Test 对不同组的回归系数是否相异进行 F 检验。若发现不同组的系数存在显著差异，则表明不同所有制类型的企业间确实存在结构性差异，分组回归是合理且必要的，否则就无须考虑企业所有制性质的不同，只要进行总体回归。由于本节分组较多，传统 Chow Test 的 F 统计量难以计算，故我们采用虚拟变量法①来进行 Chow Test。最后可得：F(8, 216805) = 180. 45 Prob>F = 0. 0000，这表明在 1%的显著性水平上强烈拒绝“不同组的系数都相同”的原假设，即不同组的系数存在显著差异，表明不同所有制性质的企业间确实存在结构性差异，分组回归是合理且必要的。

表 4. 19 和表 4. 20 的生产率计算方法不同，作为回归结果的稳健性检验，表 4. 20 以 OLS 方法测算生产率，而表 4. 19 则以 LP 方法测算生产率，结果发现，回归后两种方法所得的各变量的符号及显著性相差不大，这表明回归结果具有较强的稳健性。下面基于表 4. 19 对回归结果进行分析。

表 4. 19 模型（4. 11）回归结果（LP 方法）

解释变量	所有企业	国有控股企业	集体控股企业	私人控股企业	港澳台控股企业	外商控股企业
EI_{it-1}	0. 0320***	0. 1011**	0. 1513**	0. 1015***	-0. 1343***	-0. 1997***
	(0. 0111)	(0. 0501)	(0. 0616)	(0. 0278)	(0. 0375)	(0. 0467)

① 这里的虚拟变量法是指构造各组虚拟变量及它们与原模型各解释变量的交互项，再用原因变量对它们进行回归，回归后再对“各组的虚拟变量及它们与各解释变量的交互项是否相互相等”这一假设进行 F 检验。本书回归时还对省份、产业和年份变量进行了控制。具体方法介绍可参见：http：//www. stata. com/support/faqs/statistics/chow-tests/。

续表

解释变量	所有企业	国有控股企业	集体控股企业	私人控股企业	港澳台控股企业	外商控股企业
N	216891	47202	10604	22607	6182	5561
R^2	0.1058	0.2020	0.1249	0.1407	0.0968	0.1488

注：***、**、*分别表示在1%、5%、10%水平上显著，括号内为稳健性标准误，对不同所有制类型企业回归时，控制了 Age_{it}、$D_{industry}$、$D_{province}$ 和 D_{year}，对所有企业回归时，还控制了 $D_{ownership}$，为节省空间，其系数和常数项都未报告。

表 4.20　模型（4.11）回归结果（OLS 方法）

解释变量	所有企业	国有控股企业	集体控股企业	私人控股企业	港澳台控股企业	外商控股企业
EI_{it-1}	0.0418*** (0.0096)	0.1245** (0.0410)	0.1687** (0.0493)	0.1165*** (0.0225)	-0.2349*** (0.0327)	-0.2805*** (0.0389)
N	216891	47202	10604	22607	6182	5561
R^2	0.1626	0.2294	0.1323	0.1595	0.1185	0.1363

注：同表4.19。

由表4.19可得，在控制企业个体特性后，针对所有企业、国有控股企业、集体控股企业和私人控股企业来说，出口强度的系数都显著为正，这表明我国规模以上工业企业不仅整体上存在出口学习效应，而且其中的国有控股企业、集体控股企业和私人控股企业也都存在显著的出口学习效应。而针对港澳台控股企业和外商控股企业，出口强度的系数都显著为负，这表明港澳台控股企业和外商控股企业的出口学习效应被抑制了，这与荆逢春等（2013）的研究结论一致。究其原因可能在于：国有控股企业和集体控股企业虽然生产率较低，但其资金雄厚、规模较大，可以较多地引进先进的生产设备，获得新的生产技术，从而使企业出口后的生产率得到显著提高。而私人控股企业虽然资金薄弱、规模较小，但其效率较高，且灵活多变，能够高效地学习和改进企业的工艺流程和组织管理方式。此外，国际市场虽竞争激烈，但其带来了较好的信贷供给和良好的合约实施环境（Van Biesebroeck，2006），相对于国内市场分割、社会信用体系缺失及知识产权保护缺位等扭曲的国内制度环境，企业出口后的外部制度环境更完善，更有利于企业生产率的提高。国外高效率企业的技术外溢效应是出口学习效应的渠道之一，而对于港澳台控股企业和外商控股企业，它们本身已具有国外先进的生产技术和管理水平，其生产率水平也很高，已无法获得其他企业技术上的外溢，但却由于竞争更为激烈的国际市场导致的“拥挤效应”而很难获得充足的优质资源来组织生产，故其通过出口学习的动力不足。

表 4.21 和表 4.22 给出了模型（4.12）的回归结果，模型（4.12）考察了所有企业和不同所有制性质企业的出口经验对企业出口学习效应的影响。这里也采用了总体回归和分组回归的方法。为了检验分组回归的合理性，同样采用虚拟变量法进行 Chow Test。检验结果为：$F(24, 127193)=54.83$ $Prob>F=0.0000$，这表明在 1%的显著性水平上强烈拒绝“不同组的系数都相同”的原假设，即不同组的系数存在显著差异，表明不同所有制性质的企业间确实存在结构性差异，分组回归是合理且必要的。

作为回归结果的稳健性检验，表 4.22 同样用 OLS 方法来测算生产率，结果发现，回归后两种方法所得的各变量符号及显著性相差不大，这表明回归结果具有较强的稳健性。下面基于表 4.21 对回归结果进行分析。

表 4.21　模型（4.12）回归结果（LP 方法）

解释变量	所有企业	国有控股企业	集体控股企业	私人控股企业	港澳台控股企业	外商控股企业
$D^1_{it}\times EI_{it-1}$	0.0593	−0.0809	−0.5441**	−0.6177***	−0.4691**	−0.8259**
	(0.0519)	(0.1946)	(0.2632)	(0.2165)	(0.1976)	(0.4146)
$D^2_{it}\times EI_{it-1}$	0.0553	−0.1275	0.4693	−0.2372*	−0.1399	−0.5172**
	(0.0502)	(0.2472)	(0.4156)	(0.1344)	(0.1812)	(0.2367)
$D^3_{it}\times EI_{it-1}$	0.0553	−0.1352	−0.0577	0.1353*	−0.0437	−0.2656**
	(0.0349)	(0.2356)	(0.1666)	(0.0696)	(0.0820)	(0.1108)
$D^4_{it}\times EI_{it-1}$	0.0609***	0.3906***	0.2557***	0.2011***	−0.0718	−0.1958***
	(0.0162)	(0.0831)	(0.0712)	(0.0337)	(0.0492)	(0.0586)
N	127296	27044	8131	19633	5076	4650
R^2	0.0973	0.2109	0.1382	0.1351	0.1077	0.1500

注：同表 4.19。

表 4.22 模型（4.12）回归结果（OLS 方法）

解释变量	所有企业	国有控股企业	集体控股企业	私人控股企业	港澳台控股企业	外商控股企业
$D^1_{it} \times EI_{it-1}$	0.0035 (0.0531)	−0.1829 (0.1628)	−0.4501* (0.2387)	−0.4039** (0.2045)	−0.4771** (0.1847)	−0.2865 (0.3430)
$D^2_{it} \times EI_{it-1}$	−0.0293 (0.0458)	−0.3039 (0.2034)	0.4258 (0.4641)	−0.3059** (0.1393)	−0.2474 (0.1943)	−0.3115 (0.3196)
$D^3_{it} \times EI_{it-1}$	−0.0622** (0.0283)	−0.1747 (0.1657)	−0.2472* (0.1296)	−0.0630 (0.0508)	−0.1941*** (0.0637)	−0.3331*** (0.0868)
$D^4_{it} \times EI_{it-1}$	0.0721*** (0.0134)	0.0821*** (0.0317)	0.0163*** (0.0081)	0.0023** (0.0011)	−0.2384*** (0.0403)	−0.3021*** (0.0468)
N	127296	27044	8131	19633	5076	4650
R^2	0.1529	0.2188	0.1464	0.1581	0.1328	0.1377

注：同表 4.19。

由表 4.21 可得，针对所有企业来说，一直出口企业和出口强度交互项的系数约为 0.06，且在 1%水平上显著，表明相对于一直不出口企业，若前期一直出口企业的出口强度提高 1 个单位，则其本期生产率提高约 6%。其他交互项的系数虽然为正，但并不显著，表明一定年份（一年、两年或至少 3 年）的出口经验对企业出口学习效应的影响不大。这一结论与 Kraay（1999）的结论一致。Kraay（1999）利用 1988~1992 年中国工业企业数据实证得出，出口学习效应在一直出口企业中显著存在，但对于刚进入出口市场的企业，其出口学习效应并不显著，甚至有时显著为负。究其原因：中国企业进入国外市场需要克服较高的固定成本，在企业进入出口市场的初期，企业需补偿该固定成本，即使此时有少量的出口学习效应，但相比较高的固定成本，净出口学习效应（正是本节所测算的“出口学习效应”）并不显著。但当企业进入出口市场若干年后，它已补偿完进入的固定成本，则其净出口学习效应将显现出来。再者，技术从学习到掌握并运用是个长期的过程，所以生产率的提升可能在企业进入出口市场后一段时间才能显现出来。已出口一年的企业、已出口两年的企业和至少已出口 3 年的企业可能还是由于出口时间不够长，以至于其净出口学习效应并不显著，而一直出口企业相比前三类企业，出口时间较长，出口经验丰富，进入出口市场的固定成本相对较低，以至于其净出口学习效应显著为正。

针对国有控股企业来说，一直出口企业和出口强度交互项的系数显著为正，且约为0.39，表明在国有控股企业中，相对于一直不出口企业，若前期一直出口企业的出口强度提高1个单位，则其本期生产率约提高39%。其他交互项的系数并不显著，表明国有控股企业进入国外市场要克服较高的固定成本，且需要较长的时间来恢复。相对国有控股企业，国家扶持力度较小且规模较小的集体控股企业进入国外市场的固定成本可能更大。由第3列可得，针对集体控股企业来说，已出口一年的企业和出口强度交互项的系数在5%水平上显著为负，且为-0.54，一直出口企业和出口强度交互项的系数虽显著也只有0.26，远低于对国有控股企业回归时的该系数值（0.39），其他交互项的系数则并不显著。相对于国有控股企业和集体控股企业，私人控股企业的规模更小，且政府对其扶持力度严重不足，有些企业甚至是由于受国内市场割据、社会信用体系缺失及知识产权保护缺位等制度环境的不利影响而被迫选择出口，出口虽然会得到部分出口退税，但相对于私人控股企业仍要克服进入国外市场巨大的固定成本，那只是杯水车薪。由第4列可得，针对私人控股企业来说，已出口一年的企业和出口强度交互项的系数在1%水平上显著为负，且为-0.62，远低于对国有控股企业和集体控股企业回归时的该系数值（-0.08和-0.54）。已出口两年的企业和至少已出口3年的企业与出口强度交互项的系数分别迅速升为-0.24和0.14，这表明虽然私人控股企业进入国外市场需克服巨大的固定成本，但其恢复能力较快，这可能与其本身效率较高和学习能力较强有关。一直出口企业和出口强度交互项系数显著为正且约为0.20，小于对国有控股企业和集体控股企业回归时的该系数值（0.39和0.26），这可能由于私人企业规模较小，即使持续出口也无法充分发挥广阔的国际市场所带来的规模经济效应。针对港澳台控股企业来说，已出口一年的企业和出口强度交互项的系数显著为负，且为-0.47，其他交互项系数并不显著。针对外商控股企业来说，所有交互项的系数都显著为负，且呈逐步递增的趋势。这可能是因为：相对于国内企业，虽然港澳台控股和外商控股企业进入国外市场的固定成本较低，但其自身生产率已经很高，已无法从其他企业那里获得技术的溢出，只能靠自主创新，但自主创新所需时间较长，企业无法在短时间内生产率迅速提高。此外，面对国际市场激烈的竞争，“拥挤效应”较突出，企业很难获得充足的优质资源来组织生产，故企业出口初期，净出口学习效应为负，但随着出口时间的增加，出口经验的积累，企业净出口学习效应将逐渐增强。

三、小结

本节利用1998~2007年一直存活的中国规模以上工业企业数据，采用随机效应模型，从企业所有制异质性的视角考察了中国企业出口学习效应的存在性及出口经验对企业出口学习效应的影响，结果发现，我国规模以上工业企业不仅整体上存在出口学习效应，而且其中的国有控股企业、集体控股企业和私人控股企业也都存在显著的出口学习效应，港澳台控股企业和外商控股企业的出口学习效应却被其自身所有制性质和国际市场的“拥挤效应”所抑制。针对所有企业来说，一定年份（一年、两年或至少3年）的出口经验对企业出口学习效应的影响并不显著，但一直出口的企业却存在显著出口学习效应。针对国有控股、集体控股和私人控股企业来说，已出口一年的企业和一直出口企业的出口学习效应呈递减态势，且前者为负，后者显著为正。由于自身所有制性质和国际市场“拥挤效应”的限制，港澳台控股企业中已出口一年的企业出口学习效应显著为负，其他其有不同出口经验的企业出口学习效应并不显著，外商控股企业中其有不同出口经验的企业出口学习效应都显著为负，但其随着出口年限的增加其出口学习效应逐渐增强。

第五章
集聚、出口与生产率：综合分析视角

第一节　集聚、产品差异性与出口的自我选择效应

传统贸易理论和新贸易理论都是从同质企业的前提下来分析国际贸易产生的原因和发展，但在现实世界中，无论是规模、生产率、所有制类型等，各个企业都不尽相同，企业存在异质性。新新贸易理论则是从异质性企业入手，从微观层面来研究国际贸易。其中，最受关注的企业异质性特征就是企业生产率。经过大量经验研究得出，出口企业比不出口企业具有更高的生产率。为解释这一经验事实，学者们提出了两个假说：一是出口的自我选择效应假说，它是指由于企业进入国外市场要克服一定的固定成本（如市场调研、分销渠道的建立和员工培训等所需费用），只有生产率高的企业才能在国外市场获得利润，从而选择出口；二是出口学习效应假说，它是指企业可以通过出口来提升自身生产率水平。国内外对出口的自我选择效应假说的经验研究大多基于标准的测算方法，即运用“生产率溢价”的方法（Wagner，2007），并利用一国出口企业和不出口企业的总体数据，而未区分不同地区的企业，也未考虑不同地区的集聚效应对企业生产率的影响。但是 Combes 等（2012）指出，在更大的城市，企业具有更高的生产率，其原因在于企业生产率的“自我选择”（大城市激烈的竞争使得生产率最高的企业才能生存下来）和城市集聚效应（通过劳动力市场汇集、中间投入品共享、知识溢出和规模报酬递增等因素促进企业生产率提高）。他们还发现，更强的集聚效应使企业生产

率分布曲线向右平移，并使整个分布得到扩张。不同地区的集聚效应强度不同，不同强度的集聚效应对企业生产率的影响不同，故标准的出口自我选择效应的测算方法存在一个问题，即其认为出口企业生产率的自我选择效应仅仅是由于补偿进入国外市场沉淀成本造成的，而忽略了不同地区集聚效应对企业生产率的影响。此外，产品差异性对出口的自我选择效应也有重要影响。Chaney（2008）扩展了Melitz（2003）的异质性企业贸易模型，他指出，在同质性产品市场（产品间高替代弹性）中出口企业需要更大的生产率溢价才能进入出口市场；相反，在多样化产品市场中出口企业所需的生产率溢价更低。

由此可得，标准的出口企业生产率自我选择效应的测算方法因忽略了集聚效应和产品差异性，必将造成因补偿进入国外市场沉淀成本而导致的出口自我选择效应的测算偏差。而国内外文献很少对这一事实进行研究，但因其关系到出口自我选择效应规范的测算方法，且随着世界贸易的发展，集聚经济和产品差异性对出口企业生产率的影响日益增强，所以其具有很大的研究价值。本节立足于中国，首次把集聚和产品差异性引入中国企业出口自我选择效应的测算中，来探究这两类因素对企业出口自我选择效应的影响，此外，还对不同所有制类型企业的出口自我选择效应进行上述考察并分析其结果，以期对中国企业出口的自我选择效应进行较规范的研究，并为促进企业出口提供有益的政策建议。

大部分经验研究都支持出口的自我选择效应假说，如Bernard和Jensen（1999）基于美国的企业数据，Clerides等（1998）基于哥伦比亚、墨西哥及摩洛哥的企业数据，Aw等（2001）基于韩国和中国台湾地区的企业数据，但仍有少量文献并不支持这一观点，甚至得出相反的结论，如李春顶（2010）发现了中国出口企业存在“生产率悖论”，即低生产率的企业反而选择出口。刘振兴等（2011）也发现“出口企业优于非出口企业”这一学界共识但并不适用于中国的所有企业，其只适用于内资企业，而不适用于外资企业，同时，其只适用于从事一般贸易的企业，而不适用于从事加工贸易的企业。绝大部分文献对出口自我选择效应的验证都是基于总体数据，未区分地区和产品，均未考虑集聚和产品差异性对出口自我选择效应的影响。考虑到集聚因素的文献仅有Kox（2012），他利用荷兰服务业企业的数据实证得出，集聚对出口的自我选择效应有正向影响，出口的自我选择效应不仅来自于补偿进入国外市场的沉淀成本，还来自于集聚效应。

加入集聚因素来研究出口和生产率关系，即出口自我选择效应的文献很少，大部分文献是研究集聚与出口的关系，或研究集聚与生产率的关系，很少把集聚、出口与生产率三者放在一起研究。赵婷和金祥荣（2011）、宣烨和宣思源（2012）、叫婷婷和赵永亮（2013）主要研究产业集聚或出口企业集聚对企业出口决策或是出口量的影响；Ciccone（2002）、Duranton 和 Puga（2004）、Andersson 和 Lööf（2009）研究得出，集聚对企业生产率有显著的正向影响；Baldwin Okuba（2006）、Combes 等（2008，2012）研究企业生产率的自我选择效应与集聚的关系。Baldwin Okuba（2006）集中考察处于更大市场的企业从集聚前后向关联中得到的益处更多。Combes 等（2012）主要研究大城市企业生产率的自我选择效应（大城市激烈的竞争使得生产率最高的企业才能生存下来）和城市集聚效应（通过劳动力市场汇集、中间投入品共享、知识溢出和规模报酬递增等因素促进企业生产率提高），实证结果表明：①在大城市，更强的生产率自我选择效应左截断了企业的生产率分布曲线；②更强的集聚效应使企业生产率分布曲线向右平移，并使整个分布得以扩张。此外，产品差异性对出口自我选择效应的影响只是由 Chaney（2008）理论推导得出，国内外很少有文献对其进行实证检验。

与以往文献不同，一是本节立足于中国，利用 2004~2007 年中国制造业企业数据，首次将集聚和产品差异性一并引入出口自我选择效应的测算中；二是一改大部分文献所用的“生产率溢价”的测算方法，本节运用能评估整个生产率分布的混合数据 Probit 回归来考察集聚和产品差异性对出口自我选择效应的影响。此外，还对不同所有制类型企业的出口自我选择效应进行上述考察并分析其结果。

一、数据来源、模型设定及变量选取

1. 数据来源及处理

本节使用的 2004~2007 年中国制造业企业数据来源于中国工业企业数据库，该数据库是根据国家统计局“规模以上工业统计报表统计”取得的资料整理而成。本节选取 2004~2007 年一直存活于市场的企业作为研究对象，并按已有文献的惯常做法（李玉红等，2008），对符合以下条件之一的企业进行剔除：①企业总产值、工业增加值、年平均从业人员、中间投入、固定资产原值、固定资产净值和出口交货值为负；②应付工资和应付福利为负；③企业固定资产原值小于固定资产净值；④工业增加值或中间投入大于工业总产值。此外，以 2004 年为基期对各指标进行价格指数平减，工业增加值和资本分别用工业品出厂价格指数和固定资产投资价格指数进行平减，应付工资和应付福利用年度居民消费价格指数进行平减，中间投入用原材料、燃料、动力购进价格指数进行平减。这些价格指数可从《中国统计年鉴》（2008）中获得。

2. 模型设定

本节借鉴 Kox（2012）的研究方法设定了 Probit 模型：

$$P\{ES_{it}=1\}=F(\beta X_{it}+\gamma G_{it-1}+\lambda R_i+\eta T_t) \tag{5.1}$$

其中，$ES_{it}\in\{1,0\}$ 表示企业 i 在 t 期的出口状态，出口取 1，不出口取 0；X_{it} 表示企业 i 在 t 期的绩效变量，如企业生产率；G_{it-1} 表示企业 i 在 $t-1$ 期的企业特征变量，如资本密集度、平均工资水平等，滞后一期是为了避免与绩效变量的多重共线；R_i 表示企业 i 不随时间改变的环境变量，如企业所有制形式、企业所处行业或地区等；T_t 表示控制时间效应的虚拟变量。$F(\cdot)$ 为满足 $0<F(\cdot)<1$ 的标准正态分布函数。根据本节要考察的内容可设置实证模型如下：

$$P\{ES_{it}=1\}=F(\beta_0+\beta_1\ln TFP_{it}+\beta_2\ln(k/l)_{it-1}+\beta_3\ln wage_{it-1}+\sum industry_i+\sum ownership_i+\sum year_t) \tag{5.2}$$

$$P\{ES_{it}=1\}=F(\beta_0+\beta_1\ln TFP_{it}+\beta_2 rural_i+\beta_3\ln(k/l)_{it-1}+\beta_4\ln wage_{it-1}+\sum industry_i+\sum ownership_i+\sum year_t) \tag{5.3}$$

$$P\{ES_{it}=1\}=F(\beta_0+\beta_1\ln TFP_{it}+\beta_2 market_i+\beta_3\ln(k/l)_{it-1}+\beta_4\ln wage_{it-1}+\sum industry_i+\sum ownership_i+\sum year_t) \tag{5.4}$$

$$P\{ES_{it}=1\}=F(\beta_0+\beta_1\ln TFP_{it}+\beta_2 rural_i+\beta_3 market_i+\beta_4\ln(k/l)_{it-1}+\beta_5\ln wage_{it-1}+\sum industry_i+\sum ownership_i+\sum year_t) \tag{5.5}$$

模型（5.2）和模型（5.3）考察集聚对出口自我选择效应的影响，模型（5.2）和模型（5.4）考察产品差异性对出口自我选择效应的影响，模型（5.2）和模型（5.5）考察集聚和产品差异性对出口自我选择效应的共同影响。

3. 变量选取

模型（5.2）至模型（5.5）包括三种变量：被解释变量是企业的出口状态，核心解释变量是企业生产率、集聚和产品差异性，控制变量是影响企业出口决策的其他企业特征变量、不随时间改变的企业环境变量和控制时间效应的虚拟变量。各变量的定义及计算方法详述如下：

（1）被解释变量。$ES_{it} \in \{1, 0\}$ 为企业 i 在 t 期的出口状态，出口取 1，不出口取 0。

（2）核心解释变量。企业生产率，本节采用 Levinsohn 和 Petrin（2003）的半参数法计算企业生产率，该方法得到的是企业生产率的对数值（$\ln TFP_{it}$），该方法的优点：能够克服不可观测的生产率对企业要素投入的影响，从而克服生产率与要素投入间的内生性问题。本节采用工业增加值为因变量来测算企业生产率，但由于 2004 年的企业数据中没有这一指标，故采用生产法测算了该年的工业增加值，其公式：工业增加值=现价工业总产值−工业中间投入+本期应交增值税。集聚变量，本节用区分城市和农村的虚拟变量（$rural_i$）来表示，把企业数据中“乡”这一栏有详细登记地址的企业称为农村企业，则 $rural_i=1$，否则 $rural_i=0$。本节用区分同质性和多样化产品市场的虚拟变量（$market_i$）来表示产品差异性变量，当企业生产率对数值（$\ln TFP_{it}$）的变异系数小于所有企业该种变异系数均值的 75%，则表明此企业处于同质性产品市场，此时 $market_i=1$，否则 $market_i=0$。由于在同质性产品市场中企业竞争激烈，产品价格趋近于产品的边际生产成本，企业间生产率的差别不大，故在同质性产品行业中企业生产率的分散程度会低于所有行业中企业生产率的平均分散程度。相反，在多样化产品市场中企业对自己的产品都有一定垄断能力，竞争程度较低，企业间生产率差别较大，故多样化产品市场中企业生产率的分散程度会高于所有行业中企业生产率的平均分散程度。

（3）控制变量。根据国内外的相关文献选取了企业资本密集度、企业平均工资水平、区分企业不同所有制性质的虚拟变量、企业所属行业的虚拟变量、控制时间效应的虚拟变量。企业资本密集度（$\ln(k/l)_{it-1}$）为固定资产净值/企业年平均从业人员的对数值；企业平均工资水平（$\ln wage_{it-1}$）由（应付工资+应付福利）/企业年平均从业人员再取对数可得。根据企业数据中“控股情况”对企业所有制性质分类，具体可分为 6 类：国有控股企业、集体控股企业、私人控股企业、港澳台控股企业、外商控股企业和其他企业。表 5.1 列出了主要变量的统计性描述。

表 5.1　主要变量的统计性描述

变量	均值	标准差	最小值	最大值
ES_{it}	0.2752761	0.4466545	0	1
$\ln TFP_{it}$	6.951028	1.06565	1.723237	13.0551
$rural_i$	0.7591911	0.4275757	0	1
$market_i$	0.4610513	0.498482	0	1
$\ln(k/l)_{it-1}$	3.636779	1.228911	-4.835919	14.36749
$\ln wage_{it-1}$	2.677876	0.5265964	-1.613367	7.74058

二、实证结果与分析

在进行 Probit 回归分析之前，我们计算了各解释变量间的相关系数，表 5.2 报告了相应的结果。从表 5.2 中可得出各变量间的相关系数均低于 0.3，说明各解释变量间不存在多重共线性，因此可同时加入多个变量进行回归分析。

表 5.2　各解释变量间的相关系数

	$\ln TFP_{it}$	$rural_i$	$market_i$	$\ln(k/l)_{it-1}$	$\ln wage_{it-1}$
$\ln TFP_{it}$	1.0000***				
$rural_i$	-0.0221***	1.0000***			
$market_i$	0.1260***	-0.0267***	1.0000***		
$\ln(k/l)_{it-1}$	0.2852***	-0.0373***	0.0497***	1.0000***	
$\ln wage_{it-1}$	0.2782***	-0.1484***	0.0841***	0.2799***	1.0000***

注：***、**、* 分别表示在 1%、5%、10%水平上显著。

下面对所有企业和不同所有制类型企业进行混合数据的 Probit 回归分析，

所得回归结果如表 5. 3 至表 5. 8 所示。

表 5. 3 所有企业 Probit 回归结果

解释变量	所有企业			
	模型（5. 2）	模型（5. 3）	模型（5. 4）	模型（5. 5）
$\ln TFP_{it}$	2. 200*** (0. 0355)	2. 205*** (0. 0355)	2. 138*** (0. 0356)	2. 144*** (0. 0356)
$rural_i$		−0. 0766*** (0. 0081)		−0. 0745*** (0. 0081)
$market_i$			0. 0735*** (0. 0042)	0. 0729*** (0. 0042)
$\ln(k/l)_{it-1}$	0. 0518*** (0. 0156)	0. 0504*** (0. 0156)	0. 0515*** (0. 0156)	0. 0501*** (0. 0156)
$\ln wage_{it-1}$	0. 5317*** (0. 0264)	0. 5080*** (0. 0264)	0. 5119*** (0. 0264)	0. 4891*** (0. 0265)
N	185511	185511	185511	185511
伪 R^2	0. 1928	0. 1932	0. 1942	0. 1946

注：表中的数值是回归后各变量在均值处的弹性系数，括号内数值为标准误，***、**、*分别表示在 1%、5%、10%水平上显著，回归时对地区、所有制类型和年份变量进行了控制。

表 5. 4 国有控股企业 Probit 回归结果

解释变量	国有控股企业			
	模型（5. 2）	模型（5. 3）	模型（5. 4）	模型（5. 5）
$\ln TFP_{it}$	5. 091*** (0. 2310)	5. 132*** (0. 2320)	4. 931*** (0. 2313)	4. 973*** (0. 2323)
$rural_i$		0. 0544* (0. 0277)		0. 0603** (0. 0278)
$market_i$			0. 1326*** (0. 0298)	0. 1354*** (0. 0298)

续表

解释变量	国有控股企业			
	模型（5.2）	模型（5.3）	模型（5.4）	模型（5.5）
$\ln(k/l)_{it-1}$	0.6578*** (0.1107)	0.6534*** (0.1109)	0.6400*** (0.1109)	0.6344*** (0.1111)
$\ln wage_{it-1}$	-0.1807 (0.1417)	-0.1596 (0.1419)	-0.2020 (0.1419)	-0.1788 (0.1420)
N	12336	12336	12336	12336
伪 R^2	0.3263	0.3266	0.3278	0.3281

注：表中的数值是回归后各变量在均值处的弹性系数，括号内数值为标准误，***、**、* 分别表示在 1%、5%、10%水平上显著，回归时控制了地区和年份变量，对所有制类型变量未控制。

表 5.5　集体控股企业 Probit 回归结果

解释变量	集体控股企业			
	模型（5.2）	模型（5.3）	模型（5.4）	模型（5.5）
$\ln TFP_{it}$	3.318*** (0.1857)	3.318*** (0.1857)	3.267*** (0.1862)	3.266*** (0.1862)
$rural_i$		-0.0173 (0.0414)		-0.0142 (0.0414)
$market_i$			0.0656*** (0.0223)	0.0654*** (0.0223)
$\ln(k/l)_{it-1}$	0.2804*** (0.0787)	0.2807*** (0.0787)	0.2694*** (0.0788)	0.2697*** (0.0788)
$\ln wage_{it-1}$	0.1629 (0.1395)	0.1545 (0.1403)	0.1438 (0.1400)	0.1369 (0.1407)
N	12351	12351	12351	12351
伪 R^2	0.2072	0.2073	0.2079	0.2079

注：同表 5.4。

表 5.6 私人控股企业 Probit 回归结果

解释变量	私人控股企业			
	模型（5.2）	模型（5.3）	模型（5.4）	模型（5.5）
$\ln TFP_{it}$	1.911*** (0.0521)	1.926*** (0.0522)	1.882*** (0.0523)	1.897*** (0.0524)
$rural_i$		-0.0923*** (0.0129)		-0.0914*** (0.0129)
$market_i$			0.0894*** (0.0060)	0.0892*** (0.0060)
$\ln(k/l)_{it-1}$	-0.0031 (0.0228)	-0.0058 (0.0228)	-0.0033 (0.0229)	-0.0061 (0.0229)
$\ln wage_{it-1}$	0.4344*** (0.0414)	0.4123*** (0.0415)	0.4066*** (0.0416)	0.3846*** (0.0417)
N	92509	92509	92509	92509
伪 R^2	0.1606	0.1611	0.1628	0.1632

注：同表 5.4。

表 5.7 港澳台控股企业 Probit 回归结果

解释变量	港澳台控股企业			
	模型（5.2）	模型（5.3）	模型（5.4）	模型（5.5）
$\ln TFP_{it}$	0.8377*** (0.1056)	0.8456*** (0.1055)	0.7886*** (0.1062)	0.7966*** (0.1062)
$rural_i$		-0.0441* (0.0225)		-0.0423* (0.0226)
$market_i$			0.0460*** (0.0127)	0.0455*** (0.0127)
$\ln(k/l)_{it-1}$	-0.1987*** (0.0486)	-0.1945*** (0.0487)	-0.1949*** (0.0485)	-0.1906*** (0.0486)
$\ln wage_{it-1}$	0.4305*** (0.08798)	0.4097*** (0.08839)	0.4142*** (0.0880)	0.3945*** (0.0884)

续表

解释变量	港澳台控股企业			
	模型（5.2）	模型（5.3）	模型（5.4）	模型（5.5）
N	5435	5435	5435	5435
伪 R^2	0.1705	0.1710	0.1723	0.1728

注：同表 5.4。

表 5.8　外商控股企业 Probit 回归结果

解释变量	外商控股企业			
	模型（5.2）	模型（5.3）	模型（5.4）	模型（5.5）
$\ln TFP_{it}$	0.6679*** (0.0902)	0.6651*** (0.09033)	0.6320*** (0.09088)	0.6313*** (0.09099)
$rural_i$		-0.0674*** (0.01613)		-0.0651*** (0.01615)
$market_i$			0.0395*** (0.01155)	0.0374*** (0.01155)
$\ln(k/l)_{it-1}$	0.1211*** (0.0439)	0.1241*** (0.0438)	0.1155*** (0.0438)	0.1187*** (0.0437)
$\ln wage_{it-1}$	0.4374*** (0.0675)	0.4048*** (0.0678)	0.4317*** (0.0677)	0.4006*** (0.0679)
N	6010	6010	6010	6010
伪 R^2	0.1655	0.1677	0.1670	0.1689

注：同表 5.4。

由以上回归结果可得，从所有企业的回归来看，加入集聚变量前，企业生产率每提高 1%，企业出口概率约增加 2.2%；加入集聚变量后，企业生产率每提高 1%，企业出口概率约增加 2.21%，这说明与城市集聚效应相比，农村集聚效应对出口的自我选择效应具有显著的负向影响。因为与城市集聚效应相比，农村集聚效应很弱，不能促进企业生产率的快速提高，对企业生产率的“自我选择”起着负向作用，以至于其企业的最低生产率比城市企业的最低生产率低很多。所以，农村出口企业只要克服进入国外市场的沉淀成本就能出口，在剔除农村集聚效应对出口企业生产率“自我选择”的负向影响后，为补偿进入国外市场的沉淀成本而导致的出口自我选择效应就提高了，从 2.2%提高到 2.21%。加入产品差异性变量后，企业生产率每提高 1%，企业出口概率增加值由未加入产品差异性变量的 2.2%下降至 2.13%，这说明与多样化产品市场相比，同质性产品市场对出口企业生产率的自我选择效应具有显著的正向影响，以致剔除这一影响后所得的为，补偿进入国外市场的沉淀成本而导致的出口企业生产率的自我选择效应下降了。因为在同质性产品市场中，企业间价格和成本竞争激烈，企业要尽量提高生产率来降低生产成本；在多样化产品市场中，企业对自己的产品通常都有一定的垄断能力，即使产品价格高些也能将其销往国外市场。这就意味着，在同质性产品市场中，企业要有更高的生产率溢价才能出口，故在同质性产品市场中出口企业的自我选择效应更强。

对比模型（5.2）和模型（5.5）可得，企业生产率的弹性系数下降了，这说明，农村集聚效应对出口企业生产率自我选择效应的负向影响，小于同质性产品市场对出口企业生产率的自我选择效应的正向影响，以致剔除这两个影响后所得的为，补偿进入国外市场的沉淀成本而导致的出口自我选择效应下降了。由此可得，出口企业生产率的自我选择效应来自三个方面：不同地区的集聚效应、不同市场的产品差异性和进入国外市场的沉淀成本。再看不同所有制类型企业的回归结果，国有控股企业、私人控股企业和港澳台控股企业所得的结果与所有企业的实证结果相同，但集体控股企业和外商控股企业的实证结果则表明，与城市集聚效应相比，农村集聚效应对出口的自我选择效应具有显著的正向影响（对比两类企业模型（5.2）和模型（5.3）的企业生产率弹性系数），以致剔除这一影响后所得的为，补偿进入国外市场的沉淀成本而导致的出口自我选择效应下降了。集体控股企业主要是指乡镇企业，主要集聚于农村或城乡接合部，相对于城市，这些地区劳动力资源更丰富，土地等生产资源成本更低，更有利于企业扩大规模，吸引更多的企业集聚于此，前后向关联的企业增多，企业的知识溢出效应也增强，从而企业通过集聚获得的收益相比城市更多，更能促进企业生产率水平的提高。外商控股企业可能是由于大城市集聚超过一定限度带来的负外部性（如各企业之间由于对出口所需稀缺资源的争夺而带来的拥挤效应）而更多地选择劳动资源更丰富、生产成本更低的农村，再者，各地区招商引资的优惠政策和农村基础设施的完善也吸引了更多的外资企业进入农村，这就导致了农村集聚效应的大大增强，企业生产率的自我选择效应也随之增强。

在分析完集聚和产品差异性对出口企业生产率自我选择效应的影响后，再分析各解释变量对企业出口决策的影响：①无论是对所有企业还是对不同所有制类型企业，企业生产率对企业出口决策都具有显著的正向影响，这支持了出口的自我选择效应假说。在不同所有制类型企业中，国有控股企业的出口自我选择效应最强，其次是集体控股企业，然后是私人控股企业，最低的为港澳台控股企业和外商控股企业。在以往的经验研究中，外资企业中的出口企业由于加工贸易大量存在表现出“生产率悖论”，本节则由于数据样本、指标选择及生产率测算方法的不同而使得外资企业表现出微弱的出口自我选择效应。②针对所有企业、集体控股企业、私人控股企业、港澳台控股企业和外商控股企业，与城市企业相比，农村企业更难出口。由于集聚可通过劳动力市场汇集、中间投入品共享、知识溢出和规模报酬递增等因素促进企业生产率的提高，而农村集聚效应远远低于城市，农村企业平均生产率低于城市企业，而生产率越高的企业才越易出口，所以农村企业更难出口。而对国有控股企业来说，农村企业比城市企业更易出口。对于国有控股企业来说，它具有很强的垄断能力，面对的市场竞争很小，即使农村地区企业生产率较低，但只要能节省大量生产成本就能使企业更好地克服进入国外市场的沉淀成本，从而更有利于企业出口。③无论是对所有企业还是对不同所有制类型企业，同质性产品市场中的企业都比多样化产品市场中的企业更易出口。由于同质性产品市场中企业竞争激烈，国内市场利润很低，企业有意愿开拓规模更大的国外市场来获得规模报酬递增的好处，而多样化产品市场中企业在国内已有一定的垄断能力，企业利润很高，而开拓国外市场要支付高额的沉淀成本，故其出口的意愿不大。④针对所有企业和外商控股企业，企业资本密集度和平均工资水平都对企业出口决策有显著的正向影响。而国有控股和集体控股企业的资本密集度对企业出口决策有显著的正向影响，但企业平均工资水平对企业出口决策的正向影响并不显著。可能在于国有控股和集体控股企业平均工资水平与其在国内的垄断力量有很大关系，而与企业出口关系不大。私人控股企业资本密集度对企业出口决策的正向影响不显著，但其平均工资水平对企业出口决策具有显著的正向影响。港澳台控股企业资本密集度对企业出口决策具有显著的负向影响，可能是由于港澳台控股企业生产的产品主要是劳动密集型产品。

三、小结

本节考察集聚和产品差异性对出口企业生产率自我选择效应的影响，可得出以下结论：针对所有企业和不同所有制类型企业，同质性产品市场对出口的自我选择效应都具有显著的正向影响。针对除集体控股和外商控股企业以外的其他企业，农村集聚效应对出口的自我选择效应都具有显著的负向影响，且农村集聚效应对出口自我选择效应的负影响小于同质性产品市场对出口自我选择效应的正影响。由结论可得，在同一产品市场中，集聚程度更低的地区企业因补偿进入国外市场沉淀成本而导致的出口自我选择效应更强；标准的出口自我选择效应测算方法忽略了集聚效应和产品差异性，从而造成因补偿进入国外市场沉淀成本而导致出口自我选择效应的测算偏差；出口自我选择效应不仅来自于补偿进入国外市场的沉淀成本，还来自于不同地区的集聚效应和不同市场的产品差异性。或许还有其他因素影响出口的自我选择效应，而这些因素有待国内外学者进一步研究。

第二节　出口对企业获得的集聚经济效应的影响

经济地理学指出，企业在空间上趋向于集聚。产业集群、城市或是科技园区都是企业集聚的结果。现代经济的向心力来自运输成本的节省、企业的合并或是各种马歇尔外部性（Marshallian Externalities），它导致了企业的集聚。

多数文献证实了集聚存在显著的生产率效应，即存在集聚经济效应，如Foster和Stehrer（2008）、Combes等（2012）的研究发现，在人口密集度更高的地区企业生产率更高。集聚经济效应来源于企业运输成本的节省和集聚产生的外部性收益。并不是所有的企业都能得到这些外部性收益，这取决于企业吸收信息的能力，而这种能力与企业行为有密切关系，如企业出口或不出口。出口企业和不出口企业要素投入、组织方式和企业绩效都不同，这使得它们从其他企业获得信息的方式和强度也不同，这可能影响企业从集聚中获得的收益。那么企业出口真的会影响企业从集聚中获得的收益吗？出口企业和不出口企业获得的集聚经济效应有所不同吗？孰大孰小？其原因又如何？不同形式的集聚经济对出口企业和不出口企业的生产率影响又如何？国内外文献很少关注这些问题，但对这些问题的深入研究可揭示出国际贸易与企业获得的集聚经济效应的内在关系，并可进一步发掘企业获得集聚经济效应的内在作用机制。本节基于2003~2007年中国制造业企业数据，利用分层线性模型的估计方法考察了企业出口对其获得的集聚经济效应的影响。我们分析了出口企业和不出口企业获得集聚经济效应的不同及其原因，并把集聚经济细分为地方化经济和城市化经济，来考察企业出口对不同形式集聚经济效应的影响。

一、模型设定、变量介绍和数据来源及处理

1. 模型设定

生产函数是估计集聚经济效应最常见的方法。从企业层面来看，集聚经济的存在意味着集聚是促进企业产出的一个因素，企业产出函数不仅包括一般的投入要素，还包括地区集聚因素。以此理论并借鉴 Békés 和 Harasztosi（2010）的方法，设置计量模型如下：

$$\ln TFP_{it}=\alpha\ln x_{it}+\beta export_{it}+\gamma\ln E_{it-1}+\rho\ln E_{it-1}\times export_{it}+\eta_s+y_t+\varepsilon_{imst} \quad (5.6)$$

其中，i 表示企业，m 表示地区，s 表示行业，t 表示年份。其中 α、β、γ、ρ 为待估计的系数，η_s 表示四分位数行业固定效应，y_t 表示年份固定效应，ε_{imst} 表示符合标准正态分布的随机扰动项，x_{it} 表示由控制变量组成的向量，包括人均资本、企业规模、企业年龄和所有制类型，$export_{it}$ 表示企业出口状态向量，E_{it-1} 表示集聚变量组成的向量，为了消除集聚变量的内生性，我们采用其滞后一期的变量。值得注意的是，我们模型中包含两个层面的解释变量：企业层面的解释变量（如人均资本、企业规模、企业年龄和所有制性质变量）和地区层面的解释变量（集聚变量）。下面对各变量的意义进行详述。

2. 变量介绍

（1）本节的被解释变量为企业的生产率（$\ln TFP_{it}$）。为解决生产率与要

素投入间的内生性问题，本节用 Levinsohn 和 Petrin（2003）的半参数法估计企业生产率，因变量采用工业增加值，资本用固定资产净值表示，劳动力用年均从业人员数表示。

（2）企业出口状态（$export_{it}$）。该变量为虚拟变量，企业若当期出口，则 $export_{it}=1$；当期若不出口，则 $export_{it}=0$。

（3）集聚变量，包括集聚总量和不同形式的集聚变量（地方化经济变量和城市化经济变量），我们把这两类变量分别加入模型中，用来考察企业出口分别对集聚总量和不同形式集聚变量生产率效应的影响。参考 Békés 和 Harasztosi（2010）的方法，集聚总量（$agglomeration_{it-1}$）用剔除了企业自身的同一地级区域的企业就业量或企业数来衡量，地方化经济变量（$local_{it-1}$）用剔除了企业自身的同一地级区域同四分位数数行业的企业就业量或企业数来衡量，城市化经济变量（$urban_{it-1}$）用剔除了企业所在地级区域四分位数行业的同一地级区域的企业就业量或企业数来衡量。

（4）控制变量。人均资本（$(k/l)_{it}$），用固定资产净值/年均从业人员数可得；企业规模（$labour_{it}$），用企业年均从业人员数表示；企业年龄（age_{it}），用当年年份减去企业开业年份可得；所有制性质（$foreign_{it}$），该变量为虚拟变量，本节根据企业控股情况分类，即国有控股、集体控股、私人控股、港澳台控股、外商控股和其他，把企业所有制性质归纳为两种：外资控股和非外资控股。其中外资控股包括港澳台和外商控股。若企业为外资控股，则 $foreign_{it}=1$，否则 $foreign_{it}=0$。

此外，为尽量消除行业特征和年份变化对企业生产率的影响，我们还控制了四分位数行业和年份的固定效应。值得注意的是，除虚拟变量外，其他变量均为对数形式，且集聚变量和企业年龄都为其原值加 1 再取对数的形式。各变量的统计性描述如表 5.9 所示。

表 5.9　各变量的统计性描述

变量	均值	方差	最小值	最大值
$\ln TFP_{it}$	6.749151	1.090279	0.7793456	12.03903
$agglomeration_{it-1}$（用就业量度量集聚变量）	10.86915	1.212878	3.401197	12.74985
$agglomeration_{it-1}\times export_{it}$（用就业量度量集聚变量）	2.708037	4.795176	0	12.74985

续表

变量	均值	方差	最小值	最大值
$local_{it-1}$（用就业量度量集聚变量）	4.273607	3.452176	0	10.44065
$urban_{it-1}$（用就业量度量集聚变量）	10.81782	1.296934	0	12.74981
$local_{it-1}\times export_{it}$（用就业量度量集聚变量）	1.106808	2.596028	0	10.44065
$urban_{it-1}\times export_{it}$（用就业量度量集聚变量）	2.697037	4.778421	0	12.74975
$agglomeration_{it-1}$（用企业数度量集聚变量）	4.979441	1.338215	0	7.249215
$agglomeration_{it-1}\times export_{it}$（用企业数度量集聚变量）	1.275201	2.318239	0	7.249215
$local_{it-1}$（用企业数度量集聚变量）	1.022881	1.033379	0	4.382027
$urban_{it-1}$（用企业数度量集聚变量）	4.955243	1.352554	0	7.249215
$local_{it-1}\times export_{it}$（用企业数度量集聚变量）	0.2655351	0.7041734	0	4.382027
$urban_{it-1}\times export_{it}$（用企业数度量集聚变量）	1.270356	2.310631	0	7.249215
$export_{it}$	0.2408319	0.4275911	0	1
$(k/l)_{it}$	3.763356	1.3181	-5.635646	9.408639
$labour_{it}$	5.295896	1.070315	0	10.49836
$foreign_{it}$	0.0691856	0.2537711	0	1
age_{it}	2.728499	0.6473567	0	5.673323

3. 数据来源及处理

（1）数据来源。本节的数据来自2003~2007年中国工业企业数据库，我们选取了在此期间一直存活的中国制造业企业。根据行业类型代码的划分，样本覆盖的制造业行业涉及30个大类和479个小类。本节在地级区域的水平上构造集聚变量，涉及的地区数为307个。

（2）数据处理。参考李玉红等（2008）的做法，本节剔除了以下不合逻辑的错误记录和明显与现实不符的记录：①企业总产值、工业增加值及出口交货值为负；②企业各项投入为负，包括年均从业人员数、中间投入、固定资产净值为负；③工业增加值或中间投入大于总产出；④企业开业年份大于当年年份。此外，以2003年为基年，我们对各指标进行价格指数的平减，固定资产净值、工业增加值和中间投入分别用年度固定资产价格指数、工业品出厂价格指数和原材料、燃料、动力购进价格指数进行平减，这些价格指数来自《中国统计年鉴》(2008)。

二、实证结果与分析

本节实证模型的显著特点是两个层面的解释变量同时存在，即企业层面的解释变量和地区层面的解释变量。特别是，我们预期企业具体个体特征的差异会导致其从地区层面的集聚中获得的生产率效应存在显著差异，然而在实证模型中，每一特定地级区域内的所有企业都被分配了一个相差无几的地区层面的解释变量。Hox（2002）指出，在此情况下，采用标准的普通最小二乘法进行估计将会导致有偏估计。加之，本节的模型还引入了两层面变量间的交互项，从而使问题变得更为复杂。为尽量消除这一数据结构可能带来的偏误，借鉴刘修岩和陈至人（2012）的方法，我们采用分层模型进行估计，其一般采用收缩估计和广义最小二乘法估计模型的系数，本节利用 Stata11. 0 进行了多层混合效应的线性回归。

1. 出口对企业获得的集聚经济效应的影响分析

在控制企业个体特性后，我们采用两种方法来考察出口对企业获得的集聚经济效应的影响：一是加入集聚总量和企业出口状态交互项的总体估计；二是不加入交互项的分企业估计。特别是，根据企业历年出口状态，我们把 2003~2007 年一直存活的制造业企业划分为一直不出口企业、偶尔出口企业和一直出口企业。一直不出口企业是指 2003~2007 年每年都没有出口的企业，一直出口企业是指 2003~2007 年每年都有出口的企业，除一直没有出口和一直有出口企业外的其他企业都为偶尔出口企业。为了消除企业出口转换可能带来的偏误，无论是总体估计还是分企业估计，我们都只选取了一直不出口企业和一直出口企业。为进一步检验回归结果的稳健性，我们分别使用以就业量或企业数度量的集聚变量来进行回归，如表 5. 10 和表 5. 11 所示。回归结果显示，总体来看，不同度量方式的回归中各变量符号及显著性差异不大，表现出较强的稳健性。下面基于表 5. 10 对回归结果进行分析。

表 5.10 集聚总量的回归结果（使用就业量度量集聚变量）

解释变量	所有企业	一直不出口企业	一直出口企业		
			所有企业	非加工贸易企业	加工贸易企业
$agglomeration_{it-1}$	0.0805*** (0.0037)	0.0784*** (0.0038)	0.0596*** (0.0092)	0.0732*** (0.0122)	0.0596*** (0.0144)
$export_{it}$	0.4669*** (0.1128)				
$agglomeration_{it-1}\times export_{it}$	-0.0379*** (0.0101)				
$(k/l)_{it}$	0.1310*** (0.0039)	0.1030*** (0.0044)	0.2154*** (0.0084)	0.2323*** (0.0120)	0.1311*** (0.0124)
$labour_{it}$	0.5504*** (0.0043)	0.5349*** (0.0050)	0.5970*** (0.0083)	0.6425*** (0.0115)	0.5123*** (0.0128)
$foreign_{it}$	0.0877*** (0.0165)	0.1365*** (0.0222)	0.0571** (0.0244)	0.1931*** (0.0344)	0.0026 (0.0357)
age_{it}	-0.1895*** (0.0067)	-0.1950*** (0.0073)	-0.1517*** (0.0183)	-0.1961*** (0.0221)	-0.0550 (0.0338)
N	49144	40100	9044	5095	3949
Log-Likelihood	-64645.902	-53247.985	-10360.806	-5669.6661	-4286.1248

注：***、**、*分别表示在1%、5%、10%水平上显著，括号内为标准误，回归时对四位数行业变量和年份变量进行了控制。

表 5.11 集聚总量的回归结果（使用企业数度量集聚变量）

解释变量	所有企业	一直不出口企业	一直出口企业		
			所有企业	非加工贸易企业	加工贸易企业
$agglomeration_{it-1}$	0.0677*** (0.0035)	0.0648*** (0.0036)	0.0493*** (0.0084)	0.0613*** (0.0110)	0.0547*** (0.0132)
$export_{it}$	0.2453*** (0.0490)				

续表

解释变量	所有企业	一直不出口企业	一直出口企业		
			所有企业	非加工贸易企业	加工贸易企业
$agglomeration_{it-1} \times export_{it}$	-0.0382*** (0.0090)				
$(k/l)_{it}$	0.1310*** (0.0039)	0.1031*** (0.0044)	0.2147*** (0.0084)	0.2322*** (0.0120)	0.1299*** (0.0125)
$labour_{it}$	0.5548*** (0.0043)	0.5398*** (0.0050)	0.6004*** (0.0083)	0.6472*** (0.0116)	0.5157*** (0.0128)
$foreign_{it}$	0.0922*** (0.0165)	0.1404*** (0.0222)	0.0630** (0.0243)	0.1986*** (0.0343)	0.0086 (0.0356)
age_{it}	-0.1889*** (0.0067)	-0.1945*** (0.0073)	-0.1487*** (0.0183)	-0.1929*** (0.0221)	-0.0521 (0.0338)
N	49144	40100	9044	5095	3949
Log-Likelihood	-64642.208	-53243.657	-10364.459	-5672.2091	-4286.261

注：同表5.10。

如表5.10所示，先看总体估计（第1列），集聚总量的弹性系数约为0.081，且在1%水平上显著，表明在控制其他因素后，当集聚总量提高1倍时，企业生产率提高约为8.1%。其他条件不变时，出口企业比不出口企业生产率高出46.7%。集聚总量和企业出口状态交互项的系数显著为负，表明当集聚总量提高时，不出口企业比出口企业从集聚中获得的生产率效应更强，即不出口企业获得的集聚经济效应强于出口企业。人均资本、企业规模和所有制类型的系数都显著为正，表明人均资本越高和规模越大的外资控股企业的生产率越高，这与大部分实证研究的结论一致。企业年龄的弹性系数约为-0.19，且在1%水平上显著，表明成立时间越长的企业，其生产率水平越低。成立时间长的企业制度老化、组织僵化、缺乏活力、创新能力低下，这些都严重阻碍了企业生产率的提高。再看细分企业的估计（第2列和第3列），一直不出口企业集聚总量的弹性系数约为0.078，且在1%水平上显著，表明在控制其他因素后，集聚总量提高1倍时，一直不出口企业生产率提高约为7.8%。而一直出口企业集聚总量的弹性系数在1%水平上显著，且仅在0.060

左右，表明在控制其他因素后，集聚总量提高 1 倍时，一直出口企业生产率增长量仅在 6.0%左右，远小于一直不出口企业。由此可得，一直不出口企业获得的集聚经济效应强于一直出口企业，这与总体估计的结论一致。究其原因可能是：集聚通过中间投入品多样化、劳动力市场汇集、知识或技术溢出和规模经济等提高企业生产率，但是在中国出口贸易中加工贸易占据了半壁江山，这些加工贸易企业一般拥有固定的国外原料供应商，只是利用中国廉价的劳动力进行产品生产，然后直接出口，其前后关联企业较少，中间投入品较少。这些企业只是生产国外“贴牌”产品，技术含量很低，技术溢出效应有限。此外，它们规模较小，且以私营企业为主，无法充分发挥集聚带来的规模经济效应。由此可得，这些加工贸易企业主要从集聚中获得劳动力市场汇集带来的外部性收益，其他方面的外部性收益相当有限，因此其从集聚中获得的总体收益较低。不出口企业，如占重要地位的国有企业，其规模庞大、技术水平较高、前后关联的企业较多，因此其从集聚中获得的收益较高。所以，我们预期加工贸易企业的大量存在是不出口企业获得的集聚经济效应强于出口企业获得聚集经济效应的主要原因。为验证此预测，我们把一直出口企业划分为加工贸易企业和非加工贸易企业。借鉴李春顶（2010）的方法，将当年出口值占其当年总产值比重大于 50%的一直出口企业定义为加工贸易企业，其他一直出口企业则为非加工贸易企业。由表 5.10 第 4 列和第 5 列可得，非加工贸易企业集聚总量的弹性系数在 1%水平上显著，且约为 0.073，此值只是略小于一直不出口企业的该系数，但却远大于一直出口企业总体的该系数。加工贸易企业集聚总量的弹性系数较低，仅在 0.060 左右，且在 1%的水平上显著，仍低于一直不出口企业的该系数，并与一直出口企业总体的该系数持平。以上表明，加工贸易的大量存在虽不是不出口企业获得的集聚经济效应强于出口企业的全部原因，但确实是其产生的主要原因。此外，由表 5.10 第 2~第 5 列可得，除加工贸易企业的所有制类型和企业规模变量不显著外，其他企业的各控制变量都显著，且与总体估计的结论一致。

2. 出口对企业获得的地方化和城市化经济效应的影响分析

为了进一步考察出口对企业获得的集聚经济效应的影响，我们再将集聚经济细分为地方化经济和城市化经济，考察出口对不同形式的集聚经济效应的影响。我们同样采用两种方法：一是加入不同形式的集聚经济和企业出口状态交互项的总体估计；二是无交互项的细分企业估计。特别是，为消除企业出口转换可能带来的偏误，不管是总体估计还是细分企业估计，我们同样只选取了一直不出口企业和一直出口企业。基于集聚变量不同的度量方式对回归结果进行了稳健性检验，如表 5.12 和表 5.13 所示。结果同样表明回归结果的稳健性较强。下面基于表 5.12 对回归结果进行分析。

表 5.12　不同形式的集聚经济的回归结果（使用就业量度量集聚变量）

解释变量	所有企业	一直不出口企业	一直出口企业		
			所有企业	非加工贸易企业	加工贸易企业
$local_{it-1}$	0.0107*** (0.0016)	0.0112*** (0.0017)	0.0089*** (0.0031)	0.0106** (0.0042)	0.0087* (0.0048)
$urban_{it-1}$	0.0599*** (0.0039)	0.0569*** (0.0041)	0.0471*** (0.0097)	0.0564*** (0.0130)	0.0490*** (0.0149)
export_{it}	0.3448*** (0.1107)				
$local_{it-1} \times \mathrm{export}_{it}$	−0.0077** (0.0033)				
$urban_{it-1} \times \mathrm{export}_{it}$	−0.0240** (0.0103)				
$(k/l)_{it}$	0.1314*** (0.0039)	0.1033*** (0.0044)	0.2161*** (0.0084)	0.2338*** (0.0120)	0.1311*** (0.0124)
$labour_{it}$	0.5513*** (0.0043)	0.5358*** (0.0050)	0.5977*** (0.0083)	0.6433*** (0.0115)	0.5129*** (0.0128)
$foreign_{it}$	0.0893*** (0.0165)	0.1384*** (0.0222)	0.0596** (0.0244)	0.1949*** (0.0344)	0.0058 (0.0357)
age_{it}	−0.1883*** (0.0067)	−0.1938*** (0.0073)	−0.1481*** (0.0183)	−0.1906*** (0.0222)	−0.0549 (0.0338)
N	49144	40100	9044	5095	3949
Log-Likelihood	−64667.877	−53263.952	−10361.758	−5671.4372	−4288.7384

注：同表 5.10。

表 5.13 不同形式的集聚经济的回归结果（使用企业数度量集聚变量）

解释变量	所有企业	一直不出口企业	一直出口企业		
			所有企业	非加工贸易企业	加工贸易企业
$local_{it-1}$	0.0069 (0.0061)	0.0065 (0.0065)	0.0298** (0.0117)	0.0318** (0.0160)	0.0275 (0.0174)
$urban_{it-1}$	0.0627*** (0.0042)	0.0598*** (0.0044)	0.0341*** (0.0098)	0.0437*** (0.0132)	0.0433*** (0.0153)
$export_{it}$	0.2417*** (0.0504)				
$local_{it-1}\times export_{it}$	-0.0013 (0.0117)				
$urban_{it-1}\times export_{it}$	-0.0392*** (0.0102)				
$(k/l)_{it}$	0.1337*** (0.0039)	0.1063*** (0.0044)	0.2164*** (0.0084)	0.2326*** (0.0121)	0.1315*** (0.0125)
$labour_{it}$	0.5510*** (0.0043)	0.5348*** (0.0051)	0.5994*** (0.0084)	0.6473*** (0.0116)	0.5128*** (0.0129)
$foreign_{it}$	0.1992*** (0.0159)	0.2390*** (0.0219)	0.1618*** (0.0208)	0.2669*** (0.0307)	0.1233*** (0.0280)
age_{it}	-0.1651*** (0.0067)	-0.1718*** (0.0073)	-0.1114*** (0.0180)	-0.1645*** (0.0219)	-0.0058 (0.0331)
N	49144	40100	9044	5095	3949
Log-Likelihood	-64689.879	-53278.862	-10399.298	-5684.6791	-4299.6854

注：同表 5.10。

如表 5.12 所示，先看总体估计（第 1 列），地方化经济和城市化经济的弹性系数分别约为 0.011 和 0.06，且在 1%水平上显著。这表明其他条件不变时，同产业集聚提高 1 倍时，企业生产率提高约 1.1%；而不同产业集聚提高 1 倍时，企业生产率约提高 6%。由此可得，企业获得的城市化经济效应显著强于地方化经济效应。在其他条件不变的情况下，出口企业比不出口企业生产率高出 34.5%。不同形式集聚经济和企业出口状态交互项的系数符号都显著为负，表明不同形式的集聚提高时，不出口企业无论是从同产业集聚中还是从不同产业集聚中获得的收益都高于出口企业，即无论是地方化经济效应还是城市化经济效应，不出口企业都显著强于出口企业，且从交互项的系数来看，相比地方化经济效应，不出口企业获得的城市化经济效应比出口企业更强。此外，企业规模、人均资本和所有制类型变量的系数都显著为正，企业年龄的系数显著为负，这与集聚总量的总体估计结论一致。再看细分企业估计（第 2 列和第 3 列），一直不出口企业的地方化经济和城市化经济的弹性系数分别为 0. 011 和 0. 057，其分别显著大于一直出口企业的该系数（其值分别为 0. 0089 和 0. 0471），这与总体估计的结论一致。因为无论是同产业集聚中还是不同产业集聚，它们都是通过中间投入品多样化、劳动力市场汇集、知识或技术溢出和规模经济等渠道来提高企业生产率，所以由于自身特点，加工贸易企业无论是从同产业集聚中还是从不同产业集聚中获得的总体收益都较低。由此，我们同样预测，加工贸易企业的大量存在是不出口企业获得的地方化经济效应和城市化经济效应都显著强于出口企业的主要原因。由表 5. 12 第 4 列和第 5 列可得，非加工贸易企业的地方化经济和城市化经济的弹性系数分别为 0. 011 和 0. 056，且分别在 5%和 1%水平上显著，其与一直出口企业的相应系数值相差无几，而远大于一直不出口企业总体的该系数值（其值分别为 0. 0089 和 0. 0471）。加工贸易企业的地方化经济和城市化经济的弹性系数都较小，分别为 0. 0087 和 0. 049，甚至其中城市化经济的弹性系数比一直出口企业总体的弹性系数还要小。以上充分证实了加工贸易企业大量存在确实是不出口企业获得地方化经济效应和城市化经济效应都显著强于出口企业的主要原因。此外，由表 5. 12 第 2~第 5 列可得，除加工贸易企业的所有制类型和企业规模变量不显著外，其他企业各控制变量都显著，且与总体估计的结论一致。

三、小结

本节采用 2003~2007 年一直存活的中国制造业企业数据，运用分层线性模型的估计方法考察了出口对企业获得集聚经济效应的影响，并把集聚经济划分为地方化经济和城市化经济两种形式，进一步考察出口对地方化经济效应和城市化经济效应的影响，最后得出以下结论：在控制企业个体特性后，不出口企业获得的集聚经济效应显著强于出口企业，加工贸易企业的大量存在是其产生的主要原因；不出口企业获得的地方化经济效应和城市化经济效应都显著强于出口企业，其产生的主要原因仍是加工贸易企业的大量存在；相比地方化经济效应，不出口企业获得的城市化经济效应比出口企业更强。

第三节 基于集聚效应的企业研发、创新、生产率和出口的结构模型

20 世纪 90 年代以来，国内外强调集聚、创新和国际化对企业经济绩效的重要作用，并把它们作为推动企业发展的三大驱动力。虽然研发投入对企业的创新能力起着关键作用，但国内外关于研发投入和创新产出关系的研究并没有取得一致的结论（Garner 等，2002；Young 和 O’Byrne，2000；任翔，2001；郭斌，2006）。创新能提高企业生产率这一观点虽得到普遍认可（Griffith 等，2004；Parisi 等，2006；Cainelli 等，2006），但集聚对企业生产率的影响仍是一个谜。虽然学者们从产业和企业层面对后者进行了广泛的研究，但仍得不到一个清晰的结论。

新新贸易理论指出，生产率能够影响企业的出口决策和国际化战略。生产率更高的企业选择出口。具有不同生产率水平的企业会选择不同的国际化道路，如出口或是对外直接投资。因为不同的国际化道路需要克服不同的沉淀成本，而不同的沉淀成本对应着不同的企业生产率最低值，只有高出这一阈值的企业才能走上国际化道路。对外直接投资企业的生产率高于出口企业，因为对外直接投资需克服的沉淀成本更高，从而要求企业具有更高的生产率。

尽管集聚、研发、创新、生产率和企业国际化间存在着很强的相关性，但至今仍无文献把它们统一在一个实证框架下进行研究，本节试图把集聚因素嵌入企业研发、创新、生产率和出口的结构模型中，将它们统一在一个框架里来研究企业研发、创新、生产率和出口间的关系，并重点考察不同形式的集聚因素对企业研发、创新、生产率和出口的影响。

本节在 Crépon，Duguet 和 Mairesse（CDM）模型的基础上构建了企业研

发、创新、生产率和出口的结构模型，对原模型做了两点拓展：其一，除了原有的研发方程、创新方程和生产率方程外，本节加入了出口方程，用来考察集聚、生产率和其他企业特性对企业出口决策的影响；其二，本节把不同形式的集聚因素加入到四个方程中，用来考察企业从做出研发决策到最后做出出口决策的每个阶段中不同形式的集聚因素所起的作用。

本节考察两种形式的集聚因素：一是地方化经济（或称专业化经济），是指同一行业的企业，由于集聚在一个特定的地区，通过产业功能联系所获得的外部经济，它对企业来说是外部的，但对行业来说是内部规模经济，它经常与产业专业化现象相联系；二是城市化经济（或称多样化经济），是指城市层面的规模经济和同一城市产业多样化带来的外部性收益，针对企业和产业来说它是外部经济，并能使城市中所有企业受益（Jacobs，1969）。

本节利用 2005~2007 年一直存活的中国制造业企业数据，为了解决结构模型的联立性问题，我们选取的因变量都是 2007 年的数据，而自变量大多是 2005~2006 年的数据。本节先用 Probit 方法估计研发方程，考察影响企业研发决策的主要因素，再用相同方法估计创新方程，考察企业创新产出与企业研发决策的关系，然后用 OLS 方法估计生产率方程，考察企业生产率与企业创新产出的关系，为克服生产率与要素投入间的内生性问题，本节采用 Levinsohn 和 Petrin（2003）半参数法估计企业生产率。最后仍用 Probit 方法估计出口方程，考察企业出口决策与企业生产率的关系。此外，我们还把地方化经济和城市化经济两类集聚因素加入到每个方程中，重点考察不同形式的集聚因素对研发、创新、生产率和企业出口决策的影响。

一、模型设定、数据来源及处理

1. 模型设定

我们的结构模型包括四个方程：研发方程、创新方程、生产率方程和出口方程，其结构：企业研发决策影响新产品的产出，即创新产出，接着创新产出伴随着资本、劳动力等因素影响着企业生产率，最后企业生产率通过克服进入国外市场的沉淀成本来影响企业的出口决策，而企业出口决策又反过来影响企业的研发决策，因为根据新新贸易理论，出口企业比不出口企业研发能力强。此外，每个阶段又受集聚因素（地方化经济和城市化经济）的影响。图 5.1 直观地描述了模型的结构。

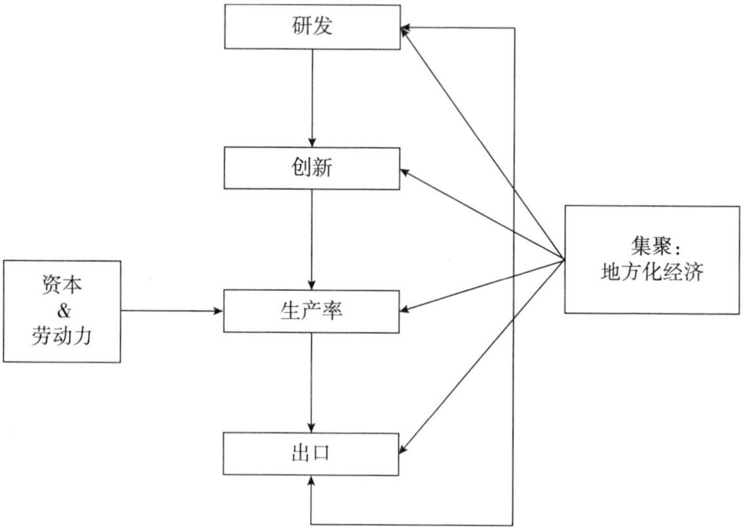

图 5.1　模型的结构

（1）研发方程。方程（5.7）用 Probit 方法估计企业研发决策的主要影响因素，实证方程设置如下：

$$Pr(R\&D_i = 1 | X = x_i) = \Phi(x_{1i}\beta_1 + \varepsilon_{1i}) \tag{5.7}$$

其中，x_{1i} 为影响企业研发决策的解释变量集合，β_1 为相应的系数向量，ε_{1i} 为符合标准正态分布的随机扰动项。$R\&D_i$ 为 2007 年企业的研发决策，若 2007 年企业研发，则 $R\&D_i = 1$，否则 $R\&D_i = 0$。解释变量 x_{1i} 包括：①2006 年企业销售额（$sale_{i2006}$）。② 2006 年企业年龄（age_{i2006}），用当年年份减去企业开业年份可得。③2006 年企业研发决策（$R\&D_{i2006}$），若 2006 年企业研发，则 $R\&D_{i2006} = 1$，否则 $R\&D_{i2006} = 0$。④2006 年企业出口状态（$export_{i2006}$），若 2006 年企业出口，则 $export_{i2006} = 1$，否则 $export_{i2006} = 0$。⑤2006 年企业补贴的虚拟变量（$subsidy_{i2006}$），若 2006 年企业获得了补贴收入，则 $subsidy_{i2006} = 1$，否则 $subsidy_{i2006} = 0$。⑥集聚变量，为解决结构模型的联立性问题，本节以 2006 年的数据来构造该变量。本节构造了两类集聚变量：地方化经济变量（$local_{i2006}$）和城市化经济变量（$urban_{i2006}$），借鉴刘修岩和陈至人（2012）的思路，用同一地级区域同四分位数行业的就业量或企业数来度量地方化经济变量，用同一地级区域的就业量或企业数来度量城市化经济变量。另外，为尽量消除内生性问题，我们所采用的地方化经济变量剔除了该企业自身的影响，城市化经济变量则剔除了该地级区域该企业所在四分位数行业的就业量或企业数。此外，为控制行业特征对企业研发决策的影响，我们还控制了二分位数行业的固定效应。

（2）创新方程。方程（5.8）用 Probit 方法估计企业创新产出与企业研发决策的关系，实证方程设置如下：

$$Pr(innovation_i=1 \mid X=x_i)=\Phi(\alpha_R R\&D_i+x_{2i}\beta_2+\varepsilon_{2i}) \tag{5.8}$$

其中，$innovation_i$ 为 2007 年企业创新产出状态，按以往文献的做法，本节用新产品产值来表示创新产出，若新产品产值大于 0，表明企业有创新产出，则 $innovation_i=1$，若新产品产值等于 0，表明企业无创新产出，则 $innovation_i=0$。$R\&D_i$ 为 2007 年企业的研发决策，若 2007 年企业研发，则 $R\&D_{i2007}=1$，否则 $R\&D_{i2007}=0$，α_R 为其系数。x_{2i} 为影响企业创新产出的其他变量。β_2 为相应的系数向量。ε_{2i} 为符合标准正态分布的随机扰动项。x_{2i} 包括：①2006 年企业市场份额（$share_{i2006}$），用 2006 年企业四分位数行业的销售份额来表示。②2005~2006 年企业投资总额（$investment_{i2005\sim2006}$），用 2005~2006 年企业短期和长期投资总额来表示。③集聚变量，包括地方化经济变量（$local_{i2006}$）和城市化经济变量（$urban_{i2006}$）。④2006 年企业创新产出状态（$innovation_{i2006}$），若 2006 年企业有创新产出，则 $innovation_{i2006}=1$，否则 $innovation_{i2006}=0$。⑤二分位数行业虚拟变量（$industry_i$）。Cohen 和 Levin（1989）指出，企业创新产出取决于企业对外来知识的吸收能力和自身知识存量的投入。研发投资不仅能创造知识存量，还能间接提高企业的学习能力，增强企业对外来知识和技术的吸收能力（黄志勇，2013）。前期的创新产出有利于企业知识存量的增加，从而有利于当期企业的创新产出。企业市场份额、前两期的投资总额、集聚变量和代表行业特征的行业虚拟变量都影响企业对外来知识的吸收能力，对企业的创新产出有重要影响。

（3）生产率方程。方程（5.9）用 OLS 方法估计企业生产率与企业创新产出的关系，实证方程设置如下：

$$y_i=\alpha_I innovation_i+x_{3i}\beta_3+\varepsilon_{3i} \tag{5.9}$$

其中，y_i 为 2007 年企业生产率，为解决生产率与要素投入间的内生性问题，本节用 Levinsohn 和 Petrin（2003）的半参数法估计企业生产率，因变量采用工业增加值，资本用固定资产净值表示，劳动力用年均从业人员数表示。$innovation_i$ 为 2007 年企业创新产出状态，若 2007 年企业有创新产出，则 $innovation_i=1$，否则 $innovation_i=0$，α_I 为其系数。x_{3i} 为影响企业生产率的其他因素。β_3 为相应的系数向量。ε_{3i} 为符合标准正态分布的随机扰动项。x_{3i} 包括：①2006 年企业规模（$labour_{i2006}$），用企业年均从业人员数表示。② 2006 年企业资本密集度（$(k/l)_{i2006}$），用固定资产净值与年均从业人员数的比值来表示。③企业所有制类型虚拟变量，本节依据企业的登记注册类型，借鉴刘修岩和陈至人（2012）的思路，把企业所有制性质划分为三种类型：国有企业、国内民营企业和外资企业。其中国有企业包括国有企业和国有独资企业，外资企业包括外商企业和港澳台企业，其余的都划分为国内民营企业，最终根据本节需要，生成了国内民营企业（$private_i$）和外资企业（$foreign_i$）两个虚拟变量。④地区虚拟变量，根据已有文献的惯常做法，本节划分为东、中、西部三大地区，东部包括北京市、天津市、河北省、辽宁省、上海市、江苏省、浙江省、福建省、山东省、广东省、广西壮族自治区、海南省和重庆市。中部包括山西省、内蒙古自治区、吉林省、黑龙江省、安徽省、江西省、河南省、湖北省和湖南省。西部包括四川省、贵州省、云南省、西藏自治区、陕西省、甘肃省、青海省、宁夏回族自治区、新疆维吾尔自治区。最终根据本节需要，生成了中部地区（$middle_i$）和西部地区（$west_i$）两个虚拟变量。⑤市场化进程变量（$market_{i2006}$）。对于转型中的中国，制度环境对企业生产率的影响非常重要。改革开放以来，中国市场化进程加快，但不同地区的市场化进程存在巨大差异。市场化进程在很大程度上体现了我国的制度环境，因此，我们引入市场化进程变量作为制度环境的代理变量，用樊纲等（2010）测算的 2006 年中国各省（自治区、直辖市）市场化指数来表示。⑥集聚变量，包括地方化经济变量（$local_{i2006}$）和城市化经济变量（$urban_{i2006}$）。此外，为控制行业特征对企业生产率的影响，我们控制了二分位数行业的固定效应。

（4）出口方程。方程（5.10）用 Probit 方法估计企业出口决定和企业生产率的关系，实证方程设置如下：

$$Pr(export_i=1 \mid X=x_i)=\Phi(\alpha_Y\hat{y}_i+x_{4i}\beta_4+\varepsilon_{4i}) \tag{5.10}$$

其中，$export_i$ 为 2007 年企业出口决定，若 2007 年企业出口，则 $export_i=$

1，否则 $export_i = 0$。$\hat{y}_i$ 为方程（5.9）得到的2007年企业生产率的预测值，α_Y 为其系数。x_{4i} 为影响企业生产率的其他变量。β_4 为相应的系数向量。借鉴国内外文献，其他重要的解释变量：①2006年企业规模（$labour_{i2006}$）。②2006年企业年龄（age_{i2006}）。③ 2006年企业资本密集度（ $(k/l)_{i2006}$）。④地区虚拟变量，包括中部地区（$middle_i$）和西部地区（$west_i$）两个虚拟变量。⑤企业所有制性质虚拟变量，包括国内民营企业（$private_i$）和外资企业（$foreign_i$）两个虚拟变量。⑥集聚变量，包括地方化经济变量（$local_{i2006}$）和城市化经济变量（$urban_{i2006}$）。此外，为控制行业特征对企业出口决定的影响，我们控制了两位数行业的固定效应。

2. 数据来源及处理

（1）数据来源。本节的数据来自于2005~2007年中国工业企业数据库，我们选取了在此期间一直存活的中国制造业企业。根据行业类型代码的划分，样本覆盖的制造业行业涉及30个大类和482个小类。本节在地级区域的水平上构造集聚变量，涉及的地区数为347个。市场化指数来自《中国市场化指数——各地区市场化相对进程2009年报告》。

（2）数据处理。参考李玉红等（2008）的做法，本节剔除了以下不合逻辑的错误记录和明显与现实不符的记录：①企业总产值、工业增加值及出口交货值为负。②企业各项投入为负，包括年均从业人员数、中间投入、固定资产净值为负。③工业增加值或中间投入大于总产出。④企业销售额、短期投资、长期投资、研究开发费、新产品产值为负数。⑤企业开业年份大于当年年份。此外，以2005年为基年，我们对各指标进行价格指数的平减，短期投资、长期投资和固定资产净值用年度固定资产价格指数进行平减，企业销售额用年度居民消费价格指数进行平减，工业增加值用年度工业品出厂价格指数进行平减，中间投入用年度原材料、燃料、动力购进价格指数进行平减，这些价格指数来自《中国统计年鉴》（2008）。

二、实证结果与分析

在进行回归分析之前，先对各主要变量进行描述性统计分析，值得注意的是，除虚拟变量、企业市场份额和市场化进程变量外，其他变量都取其对数形式，其中集聚变量、企业年龄和前两期投资总额取其原值加 1 的对数形式。分析结果如表 5.14 所示。

表 5.14　主要变量的描述性统计分析

变量	均值	方差	最小值	最大值
$local_{i2006}$（用就业量度量）	7.419964	2.852258	0	12.18711
$urban_{i2006}$（用就业量度量）	12.79546	1.259316	0	14.61884
$local_{i2006}$（用企业数量度量）	2.749534	1.59405	0	6.579251
$urban_{i2006}$（用企业数量度量）	7.277829	1.269652	0	9.236788
$R\&D_{i2007}$	0.1288779	0.3350656	0	1
$innovation_{i2007}$	0.0996339	0.299512	0	1
TFP_{i2007}	6.932694	1.088098	−2.249319	13.09371
$export_{i2007}$	0.3005569	0.4585014	0	1
$R\&D_{i2006}$	0.1194462	0.3243136	0	1
$innovation_{i2006}$	0.1115563	0.3148206	0	1
$export_{i2006}$	0.3176413	0.4655603	0	1
$subsidy_{i2006}$	0.1484375	0.355534	0	1
age_{i2006}	2.041719	0.6898316	0	7.604396
$sale_{i2006}$	10.41021	1.231995	2.302585	18.87176
$share_{i2006}$	0.0024856	0.0119641	1.25e−07	0.8786056
$investment_{i2005\sim2006}$	1.683784	3.329735	0	17.66395
$labour_{i2006}$	4.813714	1.085763	0	11.81627
$(k/l)_{i2006}$	3.664081	1.281892	−6.747587	10.07073
$market_{i2006}$	9.064513	1.657666	0	17.66395

根据方程（5.7）~方程（5.10），对数据进行回归可得表 5.15 至表 5.18。由表 5.15 至表 5.18 可得，无论是用就业量还是用企业数量度量集聚变量，回归结果都相差不大，表明回归结果的稳健性较强。下面对以就业量度量集聚变量的回归结果进行分析。

表 5.15　2007 年企业研发的回归结果

解释变量	使用就业量度量集聚变量	使用企业数量度量集聚变量
$local_{i2006}$	-0.0021*** (0.0019)	-0.0042*** (0.0037)
$urban_{i2006}$	0.0006 (0.0043)	0.0028*** (0.0045)
$subsidy_{i2006}$	0.0356*** (0.0115)	0.0356*** (0.0115)
export_{i2006}	0.0133*** (0.0104)	0.0125*** (0.0103)
age_{i2006}	0.0085*** (0.0065)	0.0084*** (0.0065)
$R\&D_{i2006}$	0.5536*** (0.0107)	0.5538*** (0.0107)
$sale_{i2006}$	0.0233*** (0.0037)	0.0231*** (0.0037)
$industry_i$	yes	yes
N	193920	193920
伪 R^2	0.3871	0.3870
Log pseudolikelihood	-45670.58	-45673.617

注：***、**、* 分别表示在 1%、5%、10%水平上显著。表中的数据为变量均值处的边际效应值，括号内为稳健性标准误，"yes" 表示对某些变量进行了控制。

由表 5.15 可得，在控制其他因素后，地方化经济对企业研发决策的影响显著为负，表明企业在同一地级区域同一行业就业人数越多，企业越倾向于不研发。原因可能在于：行业专业化水平越高，行业日趋成熟，新知识越少，企业越致力于标准化的产品生产，研发新产品或新技术的意愿下降。在控制其他因素后，以就业量度量的城市化经济对企业研发决策并无影响，但以企业数量度量的城市化经济却对其有显著的正向影响，表明一地区集聚的企业越多，企业越倾向于研发。城市中产业多样化可以使企业从相关的互补产业中获得新知识，从而促进企业进行研发活动。Frenken 等（2007）指出，城市中产业的多样化有利于知识和技术在产业间传递、修改和整合，从而有利于新知识和新技术的产生，这为企业研发创造了一个良好的外部环境。企业规模和企业出口对研发决定的影响显著为正，表明国内外需求的扩大会促进企业进行研发活动。前期研发决策和当期研发决策有显著的正相关关系，表明企业研发决策与研发经验有密切关系。企业研发通常为一个连续性的长期过程，一个新产品不可能在短期内研发成功，需要连续几期进行研发投入。在其他条件不变的情况下，企业前期研发能提高其本期研发成功的概率达 0.55。企业补贴和企业年龄对企业研发决策的影响显著为正。企业补贴，特别是对研发和技术的补贴，能够促进企业做出研发决策。成立时间长的企业，产品已处于成熟期或衰退期，市场份额下降，亟须研发新产品或新技术来提高其市场占有量。

表 5.16　2007 年企业创新的回归结果

解释变量	使用就业量度量集聚变量	使用企业数量度量集聚变量
$R\&D_{i2007}$	0.1089 *** (0.0121)	0.1076 *** (0.0122)
$local_{i2006}$	0.0001 (0.0022)	-8.76e-06 (0.0042)
$urban_{i2006}$	0.0068 *** (0.0052)	0.0102 *** (0.0054)
$share_{i2006}$	0.1752 *** (0.3216)	0.1770 *** (0.3226)
$investment_{i2005\sim2006}$	0.0030 *** (0.0014)	0.0030 *** (0.0014)
$innovation_{i2006}$	0.5249 *** (0.0112)	0.5261 *** (0.0113)
$industry_i$	yes	yes
N	193920	193920
伪 R^2	0.4415	0.4440
Log pseudolikelihood	-35121.138	-34963.263

注：同表 5.15。

由表5.16可得，在控制其他因素后，城市化经济对企业创新产出的影响显著为正，但地方化经济对企业创新产出却无显著影响，表明产业多样化更有利于企业进行创新活动并取得成果。反映企业知识吸收能力的企业市场份额和前两期投资总额都对创新产出有显著的正向影响，表明企业知识吸收能力越强，即企业市场份额越大、前两期的投资总额越大（特别是对新设备的投资），企业取得创新产出的概率越高。反映企业自身知识投入的前期创新产出和当期研发决策都与企业创新产出存在显著的正相关关系，表明企业知识投入量越多，企业取得创新产出的概率越高。在其他条件不变的情况下，企业的前期创新产出能提高其本期创新产出的概率达0.52。

表5.17　2007年企业生产率的回归结果

解释变量	使用就业量度量集聚变量	使用企业数量度量集聚变量
$innovation_{i2007}$	0.1827*** (0.0070)	0.1779*** (0.0070)
$local_{i2006}$	0.0087*** (0.0009)	0.0091*** (0.0017)
$urban_{i2006}$	0.0356*** (0.0026)	0.0646*** (0.0029)
$labour_{i2006}$	0.4649*** (0.0022)	0.4693*** (0.0022)
$(k/l)_{i2006}$	0.1374*** (0.0019)	0.1359*** (0.0019)
$market_{i2006}$	−0.1242*** (0.0023)	−0.1393*** (0.0025)
$middle_i$	−0.0582*** (0.0087)	−0.0483*** (0.0087)
$west_i$	−0.3424*** (0.0126)	−0.3325*** (0.0126)
$private_i$	0.4595*** (0.0160)	0.4621*** (0.0160)

续表

解释变量	使用就业量度量集聚变量	使用企业数量度量集聚变量
$foreign_i$	0.4915*** (0.0165)	0.4966*** (0.0165)
$industry_i$	yes	yes
N	193920	193920
R-squared	0.2975	0.2986
F (39, 193880) Pro>F	1956.81 0.0000	1970.69 0.0000

注：***、**、*分别表示在1%、5%、10%水平上显著。括号内为稳健性标准误，“yes”表示对某些变量进行了控制。

由表5.17可得，在控制其他因素后，地方化经济和城市化经济对企业生产率的影响显著为正，表明中国企业能从空间集聚中获得显著的地方化经济和城市化经济效应。这一结果与新经济地理学提出的外部性经济预期完全一致。由于外部性经济，产业集聚通过中间投入品多样化、劳动力市场汇集、知识溢出及规模经济等降低企业生产和交易成本，从而提高企业生产率。在其他条件不变的情况下，创新企业比不创新企业生产率高出0.18。企业规模和资本密集度对生产率有显著的正向影响，表明企业规模越大、资本密集度越高，越有利于企业生产率的提高。市场化进程对生产率的影响显著为负，表明市场化程度越高，越不利于企业生产率的提高，原因可能在于：我国企业以中小企业为主，运作模式、组织结构、管理水平等都不成熟，市场化程度太快会给企业带来巨大的冲击。面对激烈的市场竞争，大量企业可能退出市场，这阻碍了企业生产率的提高。在其他条件不变的情况下，中西部地区企业生产率均低于东部地区，且西部地区企业生产率最低。东部地区经济发达，科技水平较高，企业生产率水平较高，而西部地区属欠发达地区，经济水平较低，企业生产率水平低下。在其他条件不变的情况下，国内民营和外资企业的生产率均高于国有企业，且外资企业的生产率最高。这与国内外一些学者的研究结论一致，如Jefferson等（2000）、刘修岩和陈至人（2012）研究发现，中国的私营企业比国营企业的生产率高，外资企业的生产率最高。

表 5.18　2007 年企业出口的回归结果

解释变量	使用就业量度量集聚变量	使用企业数量度量集聚变量
$TFP(predicted)_{i2007}$	−0.1932*** (0.0287)	−0.1737*** (0.0273)
$local_{i2006}$	0.0072*** (0.0016)	0.0152*** (0.0029)
$urban_{i2006}$	0.0243*** (0.0041)	0.0317*** (0.0043)
age_{i2006}	0.0254*** (0.0052)	0.0252*** (0.0052)
$labour_{i2006}$	0.2096*** (0.0144)	0.2031*** (0.0137)
$(k/l)_{i2006}$	0.0208*** (0.0050)	0.0175*** (0.0049)
$middle_i$	−0.0922*** (0.0135)	−0.0771*** (0.0139)
$west_i$	−0.1294*** (0.0194)	−0.1115*** (0.0197)
$private_i$	0.1380*** (0.0265)	0.1276*** (0.0263)
$foreign_i$	0.5173*** (0.0275)	0.5076*** (0.272)
$industry_i$	yes	yes
N	193920	193920
伪 R^2	0.2666	0.2688
Log pseudolikelihood	−86943.414	−86685.035

注：同表 5.15。

由表 5.18 可得，在控制其他因素后，集聚变量对企业出口决策的影响显著为正，且相比地方化经济，城市化经济对其影响更大。这与叫婷婷和赵永亮（2013）的研究结论一致，得出多样化经济（或称城市化经济）更促进了企业外延边际扩张。生产率的预测值对企业出口决定的影响显著为负，说明生产率低的企业反而选择出口，这与李春顶（2009，2010）的结论一致，而且他发现这种“生产率悖论”的现象与我国大量加工贸易企业的存在有关。企业规模、企业年龄和资本密集度都对企业出口决策有显著的正向影响，表明规模越大、成立时间越长、资本密集度越高的企业越倾向于出口。在其他条件不变的情况下，中部、西部地区企业出口概率均低于东部地区，且西部地区企业出口概率最低。东部地区凭借着天然的地理优势，一直为我国对外开放的前沿阵地，而西部地区经济发展水平低，自然条件恶劣，对外开放程度低，企业出口较难。在其他条件不变的情况下，国内民营企业和外资企业出口概率显著高于国有企业，且外资企业的出口概率最高。国有企业在国内已经具有一定的垄断势力，能够获得丰厚的利润，出口意愿较低。国内民营企业面对国内市场激烈的竞争以及产权不完善、国内市场割据等制度缺陷，不得不开辟国外市场寻求利润。外资企业的主要目的是利用中国廉价的劳动力进行产品生产并最终出口，其出口概率自然很高。

三、小结

本节在 CDM 模型的基础上加入了出口方程，构建了一个由研发方程、创新方程、生产率方程和出口方程组成的结构模型，并把地方化经济和城市化经济两类集聚因素加入到每个方程中，用来考察不同形式的集聚因素对企业的研发、创新、生产率和出口的影响。本节首次将企业的集聚、研发、创新、生产率和出口统一在一个实证框架下进行研究，采用 Probit 和 OLS 方法进行实证分析，结果发现：

第一，集聚因素对企业的研发、创新、生产率和出口有影响。在控制其他因素后，地方化经济对企业研发决策的影响显著为负，表明企业在同一地级区域、同一行业就业人数越多，企业越倾向于不研发。以就业量度量的城市化经济对企业研发决策并无影响，但以企业数量度量的城市化经济却对其有显著的正向影响，表明一个地区集聚的企业越多，企业越倾向于研发。城市化经济对企业创新产出的影响显著为正，但地方化经济却无显著影响，表明产业多样化更有利于企业进行创新活动并取得成果。地方化经济和城市化经济对企业生产率和企业出口决策的影响都显著为正，且相比地方化经济，城市化经济对企业出口决策的正向影响更大。

第二，企业的研发、创新、生产率和出口间有循环促进关系。在控制其他因素后，反映企业自身知识投入的当期研发决定与企业创新产出存在显著的正相关关系；创新企业比不创新企业生产率更高；生产率的预测值对企业出口决策的影响显著为负；企业出口对研发决策的影响显著为正。

第六章
结论与政策建议

本书利用1998~2007年中国工业企业数据综合分析了集聚、出口与生产率的关系，此外，从新的视角分析了出口与生产率的关系及出口与生产率各自的特点，得出以下结论并提出了相关政策建议：

第一，首次估计了中国企业进出出口市场的持续时间。我们发现，进入出口市场的持续时间均值为2.5年，中位数为2年，其危险函数呈现明显的负时间依存性；退出出口市场的持续时间均值为3.4年，中位数为3年，其危险率呈现倒“U”形。我们还采用离散时间生存分析Cloglog模型考察了企业进出出口市场持续时间的决定因素，结果表明，企业规模、平均工资、是否为外资企业等企业特征变量都对进出出口市场的持续时间有显著影响。此外，进出出口市场持续时间的决定因素存在显著的地区差异。我们通过对企业进出出口市场持续时间的研究，为促进中国出口贸易发展提供了新的思路。政府可从影响持续时间的各因素入手，调整产业政策和贸易政策来缩短企业进入出口市场的持续时间，延长企业退出出口市场的持续时间，降低企业出口动态的转换频率，促进中国出口的可持续发展。

第二，测算了1999年、2003年和2007年三个时点中国12个主要制造业行业的进入企业、退出企业和在位企业间生产率的差异，并用Griliches和Regev（1995）分解方法首次对行业生产率的增长进行了分解，结果发现，进入企业和退出企业的平均生产率都低于在位企业，退出企业平均生产率最低；进入企业自身存在异质性，最初生产率高的进入企业更可能存活且其生产率很有可能收敛至在位企业的水平。考察期内，在绝大部分行业生产率增长的来源中，进入和退出企业生产率的差异占8%~30%，在位企业自身生产率的增长只占10%左右，市场份额重置导致的生产率增长约占60%以上。这表明，在 1999~2007 年我国制造业绝大部分行业生产率的增长主要来自于企业大规模的进入和退出造成资源的重新配置。但这种资源的重新配置对行业生产率增长的重要影响只是一个阶段性的特征。针对转轨中的中国，企业大规模的进入和退出是很自然的现象，这可能与我国制造业自身发展不成熟和制度改革造成的行业进入成本低有关。但一个国家不可能持续地仅仅依靠新企业的不断进入来维持经济增长（张维迎，2004），从长远来看，随着我国制造业发展趋于成熟和制度改革趋于完成，增强在位企业的自主创新能力，加快技术进步步伐，提高自身生产率水平，才是实现我国制造业各行业持续发展的重要保障。

第三，利用 1998~2007 年中国规模以上工业企业数据，采用随机效应模型，从企业所有制异质性的视角考察了本书研究的问题，结果发现，中国工业企业确实存在出口学习效应，且该效应在一直出口企业中显著存在，而对于有一定出口经验的企业，该效应并不显著。针对国有控股、集体控股和私人控股企业来说，已出口一年的企业和一直出口企业的出口学习效应都呈递减态势，且前者为负，后者显著为正。港澳台控股和外商控股企业中已出口一年的企业出口学习效应显著为负，但随着出口年限的增加，外商控股企业出口学习效应逐渐增强。由以上结论可提出以下政策建议：政府应积极鼓励国有控股企业和集体控股企业开展持续而稳定的出口，通过获得正的出口学习效应来提高自身生产率，同时要放弃对私人控股企业在市场准入、融资渠道等方面不公平的对待，给予私人控股企业同国有控股和集体控股企业相同的待遇，并给予处于困境中的私人控股企业更多的技术和金融支持，对于生产率更高、效率更高的私人控股企业，政府应给予相应的优惠政策来鼓励其自主创新，增强其创新能力，从而提高其自身生产率。外资企业（港澳台控股企业和外商控股企业）虽未能通过出口获得生产率的提升，但其为技术溢出的主体，能给其他企业带来技术溢出效应，故政府应积极引入外资，利用其技术溢出效应来带动国内其他出口企业生产率的提高。

第四，标准的出口自我选择效应的测算方法忽略了集聚效应和产品差异性，这将造成因补偿进入国外市场沉淀成本而导致的出口自我选择效应的测算产生偏差。我们利用 2004~2007 年中国制造业企业数据，运用 Probit 回归证实了这一观点，并指出同质性产品市场对出口的自我选择效应影响显著为正；针对除集体控股和外商控股企业以外的其他企业，农村集聚效应对出口的自我选择效应影响显著为负，且此负影响小于同质性产品市场对出口自我选择效应的正影响。集聚、产品差异性和进入国外市场的沉淀成本都会影响出口企业生产率的“自我选择”，都会对企业生产率进行排序，从而使生产率较高的企业出口，次之的企业在国内生产，生产率最低的企业退出市场，由此提出如下政策建议：①政府应通过改善基础设施、促进信息沟通、增加出口补贴和提高税收优惠等措施降低企业进入国外市场的沉淀成本，从而有利于企业出口。②生产率是重要的，它是企业出口和占领国际市场的重要因素，所以无论企业所处地区集聚效应如何及无论企业处于何种市场，企业都应重视生产率的提高，多关注技术创新，而政府必须为企业提高生产率创造良好的经济和制度条件。③由于集聚对生产率的提高有正向作用，政府应采取措施促进产业集群发展，大力开发工业园区、科技园区等，打造一批高生产率的出口企业。④同质性的产品市场由于竞争激烈，企业生产率的自我选择效应更强，所以，政府应向市场引入更强的竞争机制，避免市场垄断，这样能更好地激励企业提高生产率，更有利于企业的出口。

第五，基于2003~2007年中国制造业企业面板数据，利用分层线性模型估计了出口对企业获得集聚经济效应的影响，并进一步把集聚经济细分为地方化经济和城市化经济，用来估计出口对地方化和城市化经济效应的影响，结果发现，在控制企业个体特性后，不出口企业获得的集聚经济效应显著强于出口企业，加工贸易企业的大量存在是其产生的主要原因；不出口企业获得的地方化和城市化经济效应都显著强于出口企业，其产生的主要原因仍是加工贸易企业的大量存在；相比地方化经济效应，不出口企业获得的城市化经济效应比出口企业更强。由此提出以下政策建议：我国应采取有效措施积极促进产业集聚，充分发挥集聚经济的作用。我们不仅要保持区域内传统产业专业化经济的发展，还要不断深化分工，加强产业多样化经济的发展；我国还应着力调整和改善出口产品结构，努力提高出口产品的质量和附加值，降低出口贸易中加工贸易的比重，积极贯彻“以质取胜”“科技兴贸”等外贸政策。这样将更利于我国出口企业集聚经济效应的发挥，促进出口企业更好更快地发展。

第六，利用2005~2007年中国制造业企业数据，在CDM模型的基础上构建了研发、创新、生产率和出口的结构模型，并把集聚因素（地方化经济和城市化经济）加入模型中，采用 Probit 和 OLS 方法实证得出，在控制其他因素后，地方化经济对企业研发决定的影响显著为负，城市化经济因度量方式不同而对其影响不同。城市化经济对企业创新产出的影响显著为正，地方化经济对其却无显著影响。两类集聚变量对企业生产率和出口决定的影响都显著为正，但相比地方化经济，城市化经济对企业出口决定的正向影响更大。此外，研发、创新、生产率和出口间存在着循环促进关系。由以上结论可提出以下建议：由于地方化经济和城市化经济对企业的创新、生产率和出口都有显著的正向影响，所以我们一方面要发挥区域的传统产业优势，促进与产业专业化相关联的地方化经济的形成；另一方面要加强与产业多样化相关联的城市化经济的发展；既然企业的研发、创新、生产率和出口间存在循环促进关系，企业要保持健康而稳定的出口就必须从源头——企业研发抓起。除企业自身努力外，政府也应当在资本投入、研发投入等方面给予企业更多的支持，如适当放宽给业绩良好企业的融资、贷款条件和资金限制等，鼓励企业进行自主研发。

参考文献

[1] 阿尔弗雷德·韦伯．工业区位论［M］．李刚剑等译．北京：商务印书馆，1997.

[2] 埃得加·M. 胡佛．区域经济导论（中译本）［M］．上海：上海远东出版社，1992.

[3] 薄文广．外部性与产业增长——来自中国省级面板数据的研究［J］．中国工业经济，2007（1）：37-44.

[4] 柴志贤，黄祖辉．集聚经济与中国工业生产率的增长［J］．数量经济技术经济研究，2008（11）：3-15.

[5] 陈良文，杨开忠．地区专业化、产业集中与经济集聚——对我国制造业的实证分析［J］．经济地理，2006（S1）：72-75.

[6] 陈勇兵，陈宇媚，周世民．贸易成本、企业出口动态与出口增长的二元边际——基于中国出口企业微观数据：2000~2005［J］．经济学（季刊），2012（4）：1477-1502.

[7] 陈勇兵，李燕，周世民．中国企业出口持续时间及其决定因素［J］．经济研究，2012（7）：48-61.

[8] 陈勇兵，李燕．贸易关系持续时间的研究发展［J］．国际贸易问题，2012（10）：28-42.

[9] 陈勇兵，钱意，张相文．中国进口持续时间及其决定因素［J］．统计研究，2013（2）：49-57.

[10] 戴觅，余淼杰．企业出口前研发投入、出口及生产率进步——来自中国制造业企业的证据［J］．经济学（季刊），2011（1）：211-230.

[11] 樊纲，王小鲁，朱恒鹏．中国市场化指数：各地区市场化相对进程2009年报告［M］．北京：经济科学出版社，2010.

[12] 范剑勇，赵沫，冯猛．进入退出与制造业企业生产率变迁［J］．浙

江社会科学，2013（4）：27-45.

［13］范剑勇，石灵云．产业外部性、企业竞争环境与劳动生产率［J］．管理世界，2009（8）：65-72.

［14］郭斌．规模、R&D 与绩效：对我国软件产业的实证分析［J］．科研管理，2006（1）：121-126.

［15］黄志勇．研发、FDI 和国际贸易对创新能力的影响——基于中国行业数据的实证分析［J］．产业经济研究，2013（3）：84-90.

［16］江激宇．产业集聚与区域经济增长［M］．北京：经济科学出版社，2006.

［17］叫婷婷，赵永亮．我国出口企业集聚与贸易二元扩张［J］．产业经济研究，2013（1）：41-51.

［18］荆逢春，陶攀，高宇．中国企业存在出口学习效应吗？——基于所有制结构角度的实证研究［J］．世界经济研究，2013（3）：41-47.

［19］孔欣，宋佳琴．国际贸易理论新进展——新新贸易理论述评［J］．经济纵横，2011（5）：16-21.

［20］赖永剑．空间外部性、企业异质性与出口决定——基于中国制造业企业面板数据［J］．中南财经政法大学学报，2011（2）：93-100.

［21］李春顶．我国出口企业的“生产率悖论”及其解释［J］．财贸经济，2009（11）：84-111.

［22］李春顶．中国出口企业是否存在“生产率悖论”：基于中国制造业企业数据的检验［J］．世界经济，2010（7）：64-81.

［23］李春顶，王龄．异质性企业的出口贸易行为选择与经济效应［J］．商业经济与管理，2009，214（8）：43-52.

［24］李春顶，赵美英．出口贸易是否提高了我国企业的生产率？——基于中国 2007 年制造业企业数据的检验［J］．财经研究，2010（4）：14-24.

［25］李玉红，王皓，郑玉歆．企业演化：中国工业生产率增长的重要途径［J］．经济研究，2008（6）：12-24.

［26］刘长全．中国产业集聚与生产率——理论框架与影响分析［M］．北京：经济管理出版社，2010.

［27］刘修岩，陈至人．所有制影响企业从集聚中获得的收益吗？——来

自中国制造业微观企业层面数据的证据［J］. 世界经济文汇，2012（4）：1-14.

［28］刘振兴，金祥荣．出口企业更优秀吗？［J］. 国际贸易问题，2011（5）：110-120.

［29］刘志彪，张杰．我国本土制造业企业出口决定因素的实证分析［J］. 经济研究，2009（8）：99-112.

［30］聂辉华，贾瑞雪．中国制造业企业生产率与资源误置［J］. 世界经济，2011（7）：27-42.

［31］潘峰华．产业集聚与中国制造业企业出口行为及绩效［J］. 哈尔滨工业大学学报，2011，13（6）：10-18.

［32］钱学锋，王菊蓉，黄云湖，王胜．出口与中国工业企业的生产率——自我选择效应还是出口学习效应？［J］. 数量经济技术经济研究，2011（2）：37-51.

［33］邱斌，周荣军．集聚与企业的出口决定——基于中国制造业企业层面数据的实证分析［J］. 东南大学学报，2011，13（6）：9-14.

［34］任翔．技术创新的主要投入因素对创新成果的影响［J］. 数量经济技术经济研究，2001（11）：19-22.

［35］邵敏．出口贸易是否促进了我国劳动生产率的持续增长——基于工业企业微观数据的实证检验［J］. 数量经济技术经济研究，2012（2）：51-67.

［36］汤二子，刘海洋．基于中国经验重构新新贸易理论的分析框架［J］. 财经研究，2012，38（4）：48-58.

［37］唐宜红，林发勤．异质性企业贸易模型对中国企业出口的适用性检验［J］. 南开经济研究，2009（6）：88-99.

［38］涂正革，肖耿．中国的工业生产力革命——用随机前沿生产模型对中国大中型工业企业全要素生产率增长的分解及分析［J］. 经济研究，2005（3）：4-15.

［39］王良举，陈甬军．集聚的生产率效应——来自中国制造业企业的经验证据［J］. 财经研究，2013（1）：49-60.

［40］徐康宁．产业聚集形成的源泉［M］. 北京：人民出版社，2006.

［41］许斌．外贸、外资和中国民营企业的生产率［J］//林双林等．民营经济与中国发展［M］. 北京：北京大学出版社，2006.

[42] 宣烨，宣思源．产业集聚、技术创新途径与高新技术企业出口的实证研究 [J]. 国际贸易问题，2012（5）：136-146.

[43] 杨丹萍．产业集聚与出口贸易互动关系之研究——基于浙江省纺织产业的实证分析 [J]. 国际贸易问题，2009（6）：77-82.

[44] 易靖韬．企业异质性、市场进入成本、技术溢出效应与出口参与决定 [J]. 经济研究，2009（9）：106-115.

[45] 袁欣，李深远．产业集聚与对外贸易：广东电子产业的实证分析 [J]. 经济理论与经济管理，2007（1）：60-63.

[46] 张杰，李勇，刘志彪．出口促进中国企业生产率提高吗？——来自中国本土制造业企业的经验证据：1999-2003 [J]. 管理世界，2009（12）：11-26.

[47] 张礼卿，孙俊新．出口是否促进了异质性企业生产率的增长：来自中国制造企业的实证分析 [J]. 南开经济研究，2010（4）：110-122.

[48] 张维迎．从制造环境看中国企业成长的极限 [J]. 企业管理，2004（12）：12-18.

[49] 张昕，李廉水．我国城市间制造业劳动生产率差异的解释 [J]. 中国软科学，2006（9）：105-110.

[50] 赵海斌．贸易自由化视角下新新贸易理论的再审视 [J]. 国际经贸探索，2011，27（3）：72-77.

[51] 赵婷，金祥荣．出口集聚之溢出效应研究——基于中国企业层面数据的实证分析 [J]. 浙江社会科学，2011（6）：16-25.

[52] 赵祥．产业集聚效应与企业成长——基于广东省城市面板数据的实证研究 [J]. 南方经济，2009（8）：26-38.

[53] 郑玉歆．全要素生产率的再认识——用 TFP 分析经济增长质量存在的若干局限 [J]. 数量经济与技术经济研究，2007（9）：3-11.

[54] 朱廷珺，李宏兵．异质企业假定下的新新贸易理论：研究进展与评论 [J]. 国际经济合作，2010（4）：81-86.

[55] Ackerberg D., Caves K. and Frazer G. Structural Identification of Production Functions [R]. MPRA Paper, No. 38349, 2006.

[56] Aitken B., Hanson G. and Harrison A. Spillovers, Foreign Investment

and Export Behavior [J]. Journal of International Economics, 1997, 43 (1-2): 103-132.

[57] Andersson M. and Lööf H. Agglomeration and Productivity - Evidence from Firm-Level Data [R]. CESIS Electronic Working Paper Series No. 170, Centre of Excellence for Science and Innovation Studies, Royal Institute of Technology, Stockholm, 2009.

[58] Antràs P. Firm, Contracts and Trade Structure [J]. Quarterly Journal of Economics, 2003, 118 (4): 1375-1418.

[59] Antràs P. Incomplete Contracts and the Product Cycle [J]. The American Economic Review, 2005, 95 (4): 1054-1073.

[60] Antràs P. and Costinot A. Intermediated Trade [J]. Quarterly Journal of Economics, 2011, 126 (3): 1319-1374.

[61] Antràs P. and Helpman E. Global Sourcing [J]. Journal of Political Economy, 2004, 112 (3): 552-580.

[62] Antràs P. and Helpman E. Contractual Frictions and Global Sourcing [R]. NBER Working Paper, No. 12747, 2006.

[63] Arnold J. and Hussinger K. Export Behavior and Firm Productivity in German Manufacturing: A Firm-Level Analysis [J]. Review of World Economics, 2005, 141 (2): 219-243.

[64] Aw, Yan B., Xiaomei Chen and Roberts M. J. Firm-level Evidence on Productivity Differentials and Turnover in Taiwanese Manufacturing [J]. Journal of Development Economics, 2001, 66 (1): 51-86.

[65] Baily M. N., Charles H. and Campbell D. Productivity Dynamics in Manufacturing Plants [M]. Brookings Papers on Economic Activity: Microeconomics, 1992: 187-267.

[66] Baldwin R. and Robert-Nicoud Frédéric. The Impact of Trade on Intra-Industry Reallocations and Aggregate Industry Productivity: A Comment [R]. CEPR Discussion Paper, No. 4634, 2004.

[67] Baldwin R. and Okubo T. Heterogeneous Firms, Agglomeration and Economic Geography: Spatial Selection and Sorting [J]. Journal of Economic Geogra-

phy, 2006, 6 (3): 323-346.

[68] Barrios S., Görg H. and Strobl E. Explaining Firms' Export Behaviour: R&D, Spillovers and the Destination Market [J]. Oxford Bulletin of Economics and Statistics, 2003, 65 (4): 475-496.

[69] Batisse C. Dynamic Externalities and Local Growth: A Panel Data Analysis Applied to Chinese Provinces [J]. China Economic Review, 2002, 13 (2): 231-251.

[70] Békés G. and Harasztosi P. Agglomeration Premium and Trading Activity of Firms [R]. Institute of Economics, Hungarian Academy of Sciences, Discussion Papers MT-DP-2010/1, 2010.

[71] Bernard A. and Jensen J. B. Exceptional Exporter Performance: Cause, Effect, or Both? [J]. Journal of International Economics, 1999, 47 (1): 1-25.

[72] Bernard A. and Jensen J. B. Why Some Firms Export? [J]. Review of Economics and Statistics, 2004, 86 (2): 561-569.

[73] Bernard A., Eaton J., Jensen J. and Kortum S. Plants and Productivity in International Trade [J]. American Economic Review, 2003, 93 (4): 1268-1290.

[74] Bernard A., Redding S. and Schott P. Comparative Advantage and Heterogeneous Firms [J]. Review of Economic Studies, 2007, 74 (1): 31-66.

[75] Besedeš T. and Nair-Reichert. Firm Heterogeneity, Trade Liberalization, and Duration of Trade and Production: The Case of India [R]. Working Paper, 2009.

[76] Besedeš T. and Prusa T. J. Ins, Outs, and the Duration of Trade [J]. Canadian Journal of Economics, 2006 (39): 266-295.

[77] Besedeš T. and Prusa T. J. The Role of Extensive and Intensive Margins and Export Growth [R]. NBER Working Paper, 2008.

[78] Blalock G. and Gertler P. Learning from Exporting Revisited in a Less Developed Setting [J]. Journal of Development Economics, 2004, 75 (2): 397-416.

[79] Blundell R. and Bond S. GMM Estimation with Persistent Panel Data: An Application to Production Functions [J]. Econometric Reviews, 2000, 19 (3): 321-340.

[80] Brülhart M. and Mathys A. Sectoral Agglomeration Economics in a Panel of European Regions [J]. Regional Science and Urban Economics, 2008, 38 (4): 348-362.

[81] Cainelli G., Evangelista R. and Savona M. Innovation and Economic Performance in Services, A Firm-Level Analysis [J]. Cambridge Journal of Economics, 2006, 30 (3): 435-458.

[82] Capello R. Entrepreneurship and Spatial Externalities: Theory and Measurement [J]. Annals of Regional Science, 2002, 36 (3): 387-402.

[83] Castellani D. Export Behavior and Productivity Growth: Evidence from Italian Manufacturing Firms [J]. Review of World Economics, 2002, 138 (4): 605-628.

[84] Chaney T. H. Distorted Gravity: The Intensive and Extensive Margins of International Trade [J]. The American Economic Review, 2008, 98 (4): 1707-1721.

[85] Ciccone A. Agglomeration Effects in Europe [J]. European Economic Review, 2002 (46): 213-227.

[86] Ciccone A. and Hall R. E. Productivity and the Density of Economic Activity [J]. The American Economic Review, 1996 (86): 54-70.

[87] Cingano F. and Schivardi F. The Sources of Local Productivity Growth [R]. Bank of Italy, Working Paper, No. 474, 2003.

[88] Clerides S., Lach S. and Tybout J. Is Learning by Exporting Important? Micro-Dynamic Evidence from Colombia, Mexico, and Morocco [J]. Quarterly Journal of Economics, 1998, 113 (3): 903-947.

[89] Cohen W. M. and Levin R. C. Empirical Studies of Innovation and Market Structure [J]. Handbook of Industrial Organization, 1989 (2): 1059-1107.

[90] Cole M., Elliott R. and Virakul S. Firm Heterogeneity, Origin of Ownership and Export Participation [J]. The World Economy, 2010, 33 (2): 264-291.

[91] Combes P., Duranton G., Gobillon L., Puga G. and Roux S. The Productivity Advantages of Large Markets: Distinguishing Agglomeration from Firm

Selection [J]. University of Aix-Marseille, 2008.

[92] Combes P., Duranton G., Gobillon L., Puga G. and Roux S. The Productivity Advantages of Large Cities: Distinguishing Agglomeration from Firm Selection [J]. Econometrica, Econometric Society, 2012, 80 (6): 2543-2594.

[93] Crépon B., Duguet E. and Mairesse J. Research, Innovation, and Productivity: An Econometric Analysis at the Firm Level [J]. Economics of Innovation and New Technology, 1998, 7 (2): 115-158.

[94] Crespi G., Criscuolo C. and Haskel J. Productivity, Exporting and the Learning-By-Exporting Hypothesis: Direct Evidence from UK Firms [J]. University of London Working Paper, No. 559, 2006.

[95] Damijan P. and Konings J. Agglomeration Economies, Globalization and Productivity: Firm Level Evidence for Slovenia [R]. Katholieke Universiteit Leuven Discussion Paper, No. 21, 2011.

[96] De Loecker J. Do Exports Generate Higher Productivity? Evidence from Slovenia [J]. Journal of International Economics, 2007, 73 (1): 69-98.

[97] Dekle R. and Eaton J. Agglomeration and Land Rents: Evidence from the Prefectures [J]. Journal of Urban Economics, 1999, 46 (2): 200-214.

[98] Demidova S. and Rodriguez-Clare Andrés. Trade Policy under Firm-level Heterogeneity in a Small Economy [J]. Journal of International Economics, 2009, 78 (1): 100-112.

[99] Duranton G. and Overman H. Testing for Localization Using Micro-Geographic Data [R]. CEPR Discussion Paper, No. 3379, 2002.

[100] Duranton G. and Puga D. Micro-Foundations of Urban Agglomeration Economies [J]. Handbook of Regional and Urban Economics, 2004, 56 (3): 2063-2117.

[101] Eaton J., Kortum S. and Kramarz F. Dissecting Trade: Firms, Industries, and Export Destinations [J]. American Economic Review Papers and Proceedings, 2004 (94): 150-154.

[102] Ellison G. and Glaeser E. Geographic Concentration in U.S. Manufacturing Industries: A Dartboard Approach [J]. Journal of Political Economy, 1997,

105 (5): 889-927.

[103] Ericson R. and Pakes A. Markov-perfect Industry Dynamics: A Framework for Empirical Work [J]. Review of Economic Studies, 1995 (62): 53-82.

[104] Esteve-Pérez S., Máñez-Castillejo J. A., Rochina-Barrachina M. E. and Sanchis-Llopis J. A. A Survival Analysis of Manufacturing Firms in Export Markets [M]. Entrepreneurship, Industrial Location and Economic Growth, Edward Elgar Publishing, 2007.

[105] Esteve-Pérez S., Pallardó-López V. and Requena-Silvente F. The Duration of Firm-destination Export Relationships: Evidence from Spain, 1997-2006 [R]. Working Papers in Applied Economics, WPAE-2011-02, 2011.

[106] Fafchamps M., Hamine S. and Zeufack A. Learning to Export: Evidence from Moroccan Manufacturing [J]. Journal of African Economies, 2008, 17 (2): 305-355.

[107] Fajgelbaum P., Grossman G. and Helpman E. Income Distribution, Product Quality, and International Trade [R]. NBER Working Paper, No. 15329, 2009.

[108] Falvey R., Greenaway D., Yu Z. H. and Gullstrand J. Exports, Restructuring and Industry Productivity Growth [R]. University of Nottingham Research Paper, No. 40, 2004.

[109] Farinas J. and Martin-Marcos A. Exporting and Economic Performance: Firm-Level Evidence of Spanish Manufacturing [J]. The World Economy, 2007, 30 (4): 618-646.

[110] Foster N. and Stehrer R. Sectoral Productivity, Density and Agglomeration in the Wider Europe [J]. MicroDyn Working Paper 01/08, The Wienna Institute for International Economic Studies, 2008.

[111] Frenken K., Oort F. V. and Verburg T. Related Variety, Unrelated Variety and Regional Economic Growth [J]. Regional Studies, 2007, 41 (5): 685-697.

[112] Garner J. L., Nam J. and Ottoo R. E. Determinants of Corporate Growth Opportunities of Emerging Firms [J]. Journal of Economics and Business, 2002, 54 (1): 73-93.

[113] Glaeser E., Kallal H., Scheinkman J. and Shleifer A. Growth in Cities

[J]. Journal of Political Economy, 1992, 100 (6): 1126-1152.

[114] Görg H., Kneller R. and Muraközy B. What Makes a Successful Exporter? [R]. CEPR Discussion Paper, No. 6614, 2008.

[115] Greenaway D. and Kneller R. Exporting and Productivity in the United Kingdom [J]. Oxford Review of Economic Policy, 2004, 20 (3): 358-371.

[116] Greenaway D. and Kneller R. Exporting, Productivity and Agglomeration: A Difference in Difference Analysis of Matched Firms [J]. European Economic Review, 2008, 52 (5): 919-939.

[117] Greenaway D. and Yu Z. H. Firm-level Interactions between Exporting and Productivity: Industry-Specific Evidence [J]. Review of World Economics, 2004, 140 (3): 376-392.

[118] Griffith R., Redding S. and Reenen J. V. Mapping the Two Faces of R&D: Productivity Growth in a Panel of OECD Industries [J]. Review of Economics and Statistics, 2004, 86 (4): 883-895.

[119] Griliches Z. and Hausman J. Errors in Variables in Panel Data [J]. Journal of Econometrics, 1986, 31 (1): 93-118.

[120] Griliches Z. and Regev H. Firm Productivity in Israeli Industry, 1979-1988 [J]. Journal of Econometrics, 1995 (65): 175-203.

[121] Grossman G. and Helpman E. Outsourcing in a Global Economy [J]. Review of Economic Studies, 2005, 72 (1): 135-159.

[122] Grossman G., Helpman E. and Szeidl A. Optimal Integration Strategies for the Multinational Firm [J]. Journal of International Economics, 2006, 70 (1): 216-238.

[123] Hahn C. H. Entry, Exit and Aggregate Productivity Growth: Micro-Evidence on Korean Manufacturing [J]. Korean Development Institute, 2000.

[124] Hall R. and Jones C. Why Do Some Countries Produce So Much More Output Per Worker than Others? [J]. Quartly Journal of Economics, 1999, 114 (1): 83-116.

[125] Haltiwanger J. C. Measuring and Analyzing Aggregate Fluctuations: The Importance of Building from Microeconomic Evidence [J]. Review of the Federal Re-

serve Bank of St. Louis, 1997: 1-23.

[126] Helpman E. Trade, FDI, and the Organization of Firms [R]. NBER Working Paper, No. 12091, 2006.

[127] Helpman E., Melitz M. and Yeaple S. Export Versus FDI with Heterogeneous Firms [J]. The American Economic Review, 2004, 94 (1): 300-316.

[128] Helpman E., Melitz M. and Rubinstein Y. Estimating Trade Flows: Trading Partners and Trading Volumes [J]. Quarterly Journal of Economics, 2008, 123 (2): 441-487.

[129] Henderson J. Efficiency of Resource Usage and City Size [J]. Journal of Urban Economics, 1986, 19 (1): 47-70.

[130] Henderson J. Marshall' s Scale Economies [J]. Journal of Urban Economics, 2003, 53 (1): 1-28.

[131] Henderson J., Kuncoro A. and Turner M. Industrial Development in Cities [J]. Journal of Political Economy, 1995, 103 (5): 1067-1085.

[132] Hoover E. Location Theory and the Shoe and Leather Industries [M]. Cambridge Mass: Harvard University Press, 1937.

[133] Hopenhayn H. Entry, Exit, and Firm Dynamics in Long-Run Equilibrium [J]. Econometrica, 1992, 60 (5): 1127-1150.

[134] Hox J. J. Multilevel Analysis: Techniques and Applications [M]. Erlbaum: New Jersey, 2002.

[135] Ilmakunnas P. and Nurmi S. Dynamics of Export Market Entry and Exit [J]. The Scandinavian Journal of Economics, 2010, 112 (1): 101-126.

[136] Jacobs J. The Economy of Cities [M]. New York: Random House, 1969.

[137] Jefferson G. H., Rawski T. G., Wang and Zheng Y. Ownership, Productivity Change, and Financial Performance in Chinese Industry [J]. Journal of Comparative Economics, 2000 (28): 786-813.

[138] Jenkins S. P. Easy Estimation Methods Fordiscrete-time Duration Models [J]. Oxford Bulletin of Economics and Statistics, 1995 (57): 129-138.

[139] Jensen J. and Musick N. Trade, Technology, and Plant Performance [J]. Economics and Statistics Administration, Office of Policy Development, ESA/

OPD, 1996 (4).

[140] Johanson J. and Vahlne J. The Mechanism of Internationalization [J]. International Marketing Review, 1990, 7 (4): 11-25.

[141] Jovanovic B. Selection and the Evolution of Industry [J]. Econometrica, 1982 (50): 649-670.

[142] Kang Y. Is Agglomeration a Free Lunch for New Exporters? Evidence from Chile [Z]. APTS, 2011.

[143] Kimura F. and Kiyota K. Export, FDI, and Productivity: Dynamic Evidence from Japanese Firms [R]. MMRC Discussion Paper, No. 69, 2006.

[144] Koenig P., Mayneris F. and Poncet S. Local Export Spillovers in France [J]. European Economic Review, 2010, 54 (4): 622-641.

[145] Kostevc C. Foreign Market Competition as a Determinant of Exporter Performance: Evidence from Slovenian Manufacturing Firms [J]. The World Economy, 2009, 32 (6): 888-913.

[146] Kox H. Export Decisions of Services Firms between Agglomeration Effects and Market-entry Costs [R]. MPRA Paper, No. 39127, 2012.

[147] Kox H. and Rojas - Romagosa H. Exports and Productivity Selection Effects for Dutch Firms [J]. De Economist, 2010, 158 (3): 295-322.

[148] Kraay A. Exports and Economic Performance: Evidence from a Panel of Chinese Enterprises [J]. Revue d' Economie Du Developpement, 1999 (1/2): 183-207.

[149] Krugman P. Scale Economies, Product Differentiation, and the Pattern of Trade [J]. The American Economic Review, 1980, 70 (5): 950-959.

[150] Krugman P. Increasing Returns and Economic Geography [J]. Journal of Political Economy, 1991, 99 (3): 483-499.

[151] Krugman P. Innovation and Agglomeration: Two Parables Suggested by City-size Distributions [J]. Japan and the World Economy, 1995, 7 (4): 371-390.

[152] Lambson V. E. Industry Evolution with Sunk Costs and Uncertain Market Conditions [J]. International Journal of Industrial Organization, 1991 (9):

171-196.

[153] Lawless M. and Whelan K. Where Do Firms Export, How Much, and Why? [R]. UCD Centre for Economic Research Working Paper Series, WP08/21, 2008.

[154] Levinsohn J. and Petrin A. When Industry Become More Productive, Do Firms? Investigating Productive Dynamics [R]. NBER Working Paper, No. 6893, 1999.

[155] Levinsohn J. and Petrin A. Estimating Production Functions Using Inputs to Control for Unobservables [J]. Review of Economic Studies, 2003, 70 (2): 183-207.

[156] Lovely M., Rosenthal S. and Sharma S. Information, Agglomeration and Headquarters of US Exporters [J]. Regional Science and Urban Economics, 2005, 35 (2): 167-191.

[157] Máñez - Castillejo J., Rochina - Barrachina M. and Sanchis - Llopis J. Does Firm Size Affect Self - selection and Learning - by - Exporting? [J]. The World Economy, 2010, 33 (3): 315-346.

[158] Manova K. Credit Constraints, Heterogeneous Firms, and International Trade [R]. NBER Working Paper, No. w14531, 2008.

[159] Marshall A. Principles of Economics [M]. London: MacMillan, 1920.

[160] Martin P., Mayer T. and Mayneris F. Spatial Concentration and Plant-Level Productivity in France [J]. Journal of Urban Economics, 2011, 69 (2): 182-195.

[161] Melitz M. The Impact of Trade on Aggregate Industry Productivity and Intra-industry Reallocations [J]. Econometrica, 2003, 71 (6): 1695-1725.

[162] Melitz M. and Ottaviano G. Market Size, Trade, and Productivity [J]. Review of Economic Studies, 2008, 75 (1): 295-316.

[163] Moomaw R. Agglomeration Economies: Localization or Urbanization? [J]. Urban Studies, 1988, 25 (2): 150-161.

[164] Mukkala K. Agglomeration Economies in the Finnish Manufacturing Sector [J]. Applied Economics, 2004, 36 (21): 2419-2427.

[165] Nakamura R. Agglomeration Economies in Urban Manufacturing Industries: A Case of Japanese Cities [J]. Journal of Urban Economics, 1985, 17 (1): 108-124.

[166] Nunn N. Relationship-Specificity, Incomplete Contracts, and the Pattern of Trade [J]. Quarterly Journal of Economics, 2007, 122 (2): 569-600.

[167] Ohlin B. Interregional and International Trade [M]. Cambridge MA: Harvard University Press, 1933.

[168] Olley G. S. and Pakes A. The Dynamics of Productivity in the Telecommunications Equipment Industry [J]. Econometrica, 1996 (64): 1263-1297.

[169] Pan Z. and Zhang F. Urban Productivity in China [J]. Urban Studies, 2002, 39 (12): 2267-2281.

[170] Parisi M. L., Schiantarelli F. and Sembenelli A. Productivity, Innovation and R&D: Micro Evidence for Italy [J]. European Economic Review, 2006 (50): 2037-2061.

[171] Park A., Yang D., Shi X. and Jiang Y. Exporting and Firm Performance: Chinese Exporters and the Asian Financial Crisis [R]. Working Papers 549, Research Seminar in International Economics, University of Michigan, 2006.

[172] Petrin A., Poi B. P. and Levinsohn J. Production Function Estimation in Stata Using Inputs to Control for Observables [J]. The Stata Journal, 2004, 4 (2): 113-123.

[173] Porter M. E. On Competition [M]. Boston: Harvard Business Review Book, 1998.

[174] Rosenthal S. and Strange W. Geography, Industrial Organization, and Agglomeration [J]. Review of Economics and Statistics, 2003, 85 (2): 377-393.

[175] Serti F. and Tomasi C. Self-Selection and Post-entry Effects of Exports: Evidence from Italian Manufacturing Firms [J]. Review of World Economics/ Weltwirtschaftliches Archiv, 2008, 144 (4): 660-694.

[176] Sjöholm F. Which Indonesian Firms Export? The Importance of Foreign Networks [J]. Papers in Regional Sciences, 2003, 82 (3): 333-350.

[177] Solow R. M. A Contribution to the Theory of Economic Growth [J].

Quarterly Journal of Economics, 1956, 70 (1): 65-94.

[178] Sveikauskas L., Gowdy J. and Funk M. Urban Productivity: City Size or Industry Size [J]. Journal of Regional Science, 1988, 28 (2): 185-202.

[179] The International Study Group on Exports and Productivity, Exports and Productivity-Comparable Evidence for 14 Countries [R]. LICOS Discussion Paper, No. 192, 2007.

[180] Van Biesebroeck J. Exporting Raises Productivity in Sub-Saharan African Manufacturing Plants [J]. Journal of International Economics, 2005, 67 (2): 373-391.

[181] Vernon R. International Investment and International Trade in the Product Cycle [J]. Quarterly Journal of Economics, 1966, 80 (2): 190-207.

[182] Wagner J. The Causal Effects of Exports on Firm Size and Labor Productivity: First Evidence from a Matching Approach [J]. Economics Letters, 2002, 77 (2): 287-292.

[183] Wagner J. Exports and Productivity: A Survey of the Evidence from Firm Level Data [J]. The World Economy, 2007, 30 (10): 60-82.

[184] Wen M. Relocation and Agglomeration of Chinese Industry [J]. Journal of Development, 2004, 73 (1): 329-347.

[185] Wooldridge J. M. On Estimating Firm-Level Production Functions Using Proxy Variables to Control for Unobservables [J]. Economics Letters, 2009, 104 (3): 112-114.

[186] Yang Y. and Mallick S. Export Premium, Self-selection, and Learning-by-exporting: Evidence from Matched Chinese Firms [J]. The World Economy, 2010, 33 (10): 1218-1240.

[187] Yasar M., Raciborski R. and Poi B. Production Function Estimate in Stata Using the Olley and Pakes Method [J]. The Stata Journal, 2008, 8 (2): 221-231.

[188] Yeaple S. The Complex Integration Strategies of Multinationals and Cross Country Dependencies in the Structure of Foreign Direct Investment [J]. Journal of International Economics, 2003, 60 (2): 293-314.

[189] Yeaple S. A Simple Model of Firm Heterogeneity, International Trade, and Wages [J]. Journal of International Economics, 2005, 65 (1): 1-20.

[190] Young S. D. and O' Byrne S. E. EVA and Value-Based Management: A Practical Guide to Implementation [M]. New York: McGraw-Hill Companies, 2000.